EDUCAÇÃO A
DISTÂNCIA

Dados Internacionais de Catalogação na Publicação (CIP)
(Câmara Brasileira do Livro, SP, Brasil)

Dias, Rosilâna Aparecida
  Educação a Distância : da legislação ao pedagógico / Rosilâna Aparecida Dias, Lígia Silva Leite. 5. ed. Revista e ampliada – Petrópolis, RJ : Vozes, 2019.
  Bibliografia.
  ISBN 978-85-326-2729-2
  1. Educação a Distância – Brasil 2. Internet (Rede de computadores) na educação 3. Realidade virtual na educação I. Leite, Lígia Silva Leite. II. Título.

09-10097   CDD-378.002854678

Índices para catálogo sistemático:
1. Internet e universidade : Educação superior   378.002854678
2. Universidade e internet : Educação superior   378.002854678

ROSILÂNA APARECIDA DIAS
LÍGIA SILVA LEITE

EDUCAÇÃO A
DISTÂNCIA
Da legislação ao pedagógico

EDITORA
VOZES

Petrópolis

© 2010, 2019 Editora Vozes Ltda.
Rua Frei Luís, 100
25689-900 Petrópolis, RJ
www.vozes.com.br
Brasil

Todos os direitos reservados. Nenhuma parte desta obra poderá ser reproduzida ou transmitida por qualquer forma e/ou quaisquer meios (eletrônico ou mecânico, incluindo fotocópia e gravação) ou arquivada em qualquer sistema ou banco de dados sem permissão escrita da editora.

CONSELHO EDITORIAL

Diretor
Gilberto Gonçalves Garcia

Editores
Aline dos Santos Carneiro
Edrian Josué Pasini
Marilac Loraine Oleniki
Welder Lancieri Marchini

Conselheiros
Francisco Morás
Ludovico Garmus
Teobaldo Heidemann
Volney J. Berkenbrock

Secretário executivo
João Batista Kreuch

Diagramação: Sheilandre Desenv. Gráfico
Revisão gráfica: Alessandra Karl
Capa: HiDesign Estúdio

ISBN 978-85-326-2729-2

Editado conforme o novo acordo ortográfico.

Este livro foi composto e impresso pela Editora Vozes Ltda.

Sumário

Para início de conversa..., 7

Cap. I – A Educação a Distância no cenário da educação brasileira, 9
Breve história da educação a distância no Brasil, 9
Legislação da EAD: novo marco regulatório, 17
O "novo" Ensino Médio e a EAD, 29
A extinta Secretaria de Educação a Distância (SEED), 33
Universidade Aberta do Brasil (UAB), 35

Cap. II – Aspectos pedagógicos da Educação a Distância, 41
Educação, tecnologias intelectuais e interação / interatividade, 41
Produção de saberes em rede, 51
Concepções de aprendizagem, 55
A via da complexidade, 64
O currículo em rede, 66
Mudanças no papel do professor, 70
O aprendiz na EAD: a construção da autonomia, 76
A avaliação na EAD, 79
A Teoria da Distância Transacional de Moore, 86
Games e gamificação, 92

Cap. III – Tecnologias e mídias na Educação a Distância, 95
Mídia impressa, 96
Áudio e vídeo, 96
Rádio e televisão, 97
Teleconferência, 97
O computador e a interface *Web*, 98

Da *Web 1.0* à *Web 4.0*, 99
Google Apps, 101
Conferência *Web*, 103
Os portais educacionais, 104
Ambientes Virtuais de Aprendizagem (AVA), 105
Moodle, 108
Ferramentas de comunicação viabilizadas pela interface *Web*, 117
Tecnologias móveis, 124

Finalizando nossa conversa..., 127

Questões para reflexão, 133

Referências, 135

Para início de conversa...

A presença da Educação a Distância (EAD), embora não represente uma novidade metodológica no meio educacional, tomou novo impulso com o desenvolvimento acelerado da tecnologia e vem expandindo mundialmente. O Instituto Nacional de Ensino e Pesquisa Anísio Teixeira (INEP), ao comparar as matrículas em cursos presenciais com as dos cursos a distância revela que, em 2007, a modalidade a distância representava 7% das matrículas de graduação. Nos últimos 10 anos, a educação a distância vem aumentando sua participação na educação superior. Em 2017, o aumento foi de 17,6% e a EAD já atende mais de 1,7 milhão de alunos, o que representa uma participação de 21,2% dos alunos de graduação no país. A modalidade presencial apresenta o segundo ano de queda no número de matrículas. Os mais novos dados do censo revelam que um de cada três estudantes está fazendo graduação na modalidade a distância. Em dez anos o crescimento dos ingressantes em EAD foi de 226%, contra 19% da modalidade presencial. A tendência segue nas matrículas, que caíram 0,4% nos cursos presenciais enquanto cresceram 17,6% na Educação a Distância.

O crescimento dessa modalidade de ensino no nosso país é um fato. Vai além de uma iniciativa apenas de âmbito municipal, estadual ou nacional, pois está orientada por políticas mundiais. Diante dessa realidade temos que nos inserir com competência técnica e crítica nesse processo e, para isso, precisamos capacitar os profissionais que se voltam para essa modalidade de educação.

Assim, o objetivo deste livro é oferecer subsídios aos profissionais da área em relação aos aspectos pedagógicos da EAD. Certamente não podemos falar deles sem apresentar brevemente o seu contexto histórico, legal e técnico. Nesse sentido, trazemos, no Capítulo I, uma breve história da EAD no Brasil e seus aspectos legais, bem como as políticas públicas voltadas para essa área, abordando o surgimento e extinção da Secretaria de Educação a Distância e a criação da Universidade Aberta do Brasil (UAB). No Capítulo II, abordamos questões pedagógicas fundamentais para seu sucesso, como a interação e interatividade, as concepções que orientam o ensinar e o aprender em sala de aula, o currículo, as mudanças no papel do professor e do aluno, a avaliação na EAD, a Teoria da Distância Transacional e os *games* e gamificação. No Capítulo III apresentamos as tecnologias e mídias que dão suporte à EAD: mídia impressa, áudio e vídeo, rádio e televisão, conferência web, computador e a interface web e as tecnologias móveis. Sem o intuito de concluir um assunto tão extenso, apresentamos algumas considerações finais reafirmando alguns pontos e questionando outros.

O conteúdo aqui apresentado possui caráter informativo, buscando oferecer um material que, contextualizado e criticado pelo leitor, possa ser transformado em conhecimento que lhe servirá de orientação no seu saber fazer cotidiano.

Capítulo I
A Educação a Distância no cenário da educação brasileira

Breve história da Educação a Distância no Brasil

Há muitas definições possíveis para EAD, mas, segundo a Associação Brasileira de Educação a Distância (ABED), há um consenso mínimo em torno da ideia de que EAD é a modalidade de educação em que as atividades de ensino-aprendizagem são desenvolvidas, em sua maioria, "sem que alunos e professores estejam presentes no mesmo lugar à mesma hora" (ABED, 2006, p. 1). No entanto, Simonson et al. (2005) incluem na definição de EAD, além da separação física do professor e aluno, a presença de recursos de telecomunicações – que permitem a comunicação a distância entre o docente e os discentes – conectando estudantes, recursos e professores. Ressaltam, ainda, que esses recursos precisam ser submetidos a tratamento de desenho instrucional, que são procedimentos que os organizam em experiências de aprendizagem, incluindo itens que podem ser observados, sentidos, ouvidos ou completados. É fato que a Educação a distância deve ser planejada, desenvolvida e avaliada por instituições.

Como forma de deixar claro o que é EAD, o Decreto n. 9.057, de 25 de maio de 2017, já nas Disposições Gerais, define em seu Art. 1º:

> Para os fins deste Decreto, considera-se Educação a Distância a modalidade educacional na qual a mediação

didático-pedagógica nos processos de ensino e aprendizagem ocorra com a utilização de meios e tecnologias de informação e comunicação, com pessoal qualificado, com políticas de acesso, com acompanhamento e avaliação compatíveis, entre outros, e desenvolva atividades educativas por estudantes e profissionais da educação que estejam em lugares e tempos diversos. (p. 1)

A EAD, também denominada Ensino a Distância, não se trata de algo novo, inovador ou diferente. O que diferencia a EAD praticada hoje daquela praticada tempos atrás são os meios disponíveis e adequados em cada época. Existe, no entanto, uma expansão dessa modalidade em todos os continentes. A EAD causa polêmica, alguns a aplaudem, outros a criticam. Resiste e se expande em meio a um cenário de preconceitos e resistências (ALVES & NOVA, 2003). Talvez, hoje, os preconceitos e resistências em relação a esta modalidade educacional venha decrescendo à medida que aprendemos como lidar com ela pedagogicamente e conhecemos um pouco mais seus resultados educacionais.

Segundo Alves (2006, p. 1), inexistem registros precisos acerca da criação da EAD no Brasil. Tem-se como marco histórico a implantação das "Escolas Internacionais" em 1904, representando organizações norte-americanas. Nos idos de 1934, Edgard Roquete-Pinto instalou a Rádio-Escola Municipal no Rio de Janeiro, através da qual os alunos tinham acesso prévio a folhetos e esquemas de aulas. Utilizavam também correspondência para contato com alunos.

No início da década de 1960, com a popularização do rádio à pilha, o Movimento de Educação de Base (MEB), ligado à Igreja Católica e ao governo federal, desenvolveu um programa de alfabetização de adultos, através do Rádio educativo. Fizeram sucesso também os cursos por correspondência do Instituto

Universal Brasileiro (IUB), criado em 1939, em São Paulo. Os anúncios, que vinham encartados nas revistas, ofereciam cursos por correspondência em várias áreas: mecânica, eletrônica, corte e costura, contabilidade, fotografia... E o Projeto Minerva? O rádio transmitia, depois da Voz do Brasil, cursos a distância para a formação no nível básico de ensino, um projeto do governo militar que também contava com apostilas impressas (VIGNERON, 2005). Assim funcionava a EAD no Brasil até a década de 1970: via correspondência e rádio. Hoje, cerca de 50 anos depois, o Instituto Universal Brasileiro continua oferecendo cursos – online!

De 1970 até hoje, a TV se disseminou – e com ela os telecursos – o videocassete surgiu – multiplicando o acesso aos conteúdos – depois o fax, e, mais recentemente, o computador e a web se consolidaram como meios educativos. Na história da EAD cada nova tecnologia não descarta as anteriores, ao contrário: os diversos recursos se complementam. O rádio continua sendo utilizado em lugares de difícil acesso, como na Amazônia, e o papel, personificando a concretude por meio do impresso, continua quase que imbatível. Tudo isso ao lado das mais modernas invenções de tecnologia digital que propiciam interatividade: e-mail, fórum, chat, videoconferência e conferência web, wiki, dentre outras.

Portanto, as tecnologias disponíveis em cada momento histórico influenciam a sociedade e, em particular, a educação. Nesse sentido, é possível situar a EAD em termos de gerações. Não há um consenso em relação a essa divisão: alguns autores dividem a história da EAD em três gerações, outros em quatro, e, até mesmo, em cinco gerações.

De acordo com dados da UVB (UNIVERSIDADE VIRTUAL BRASILEIRA, 2002, p. 14), há três gerações da EAD: a primeira geração caracteriza-se pelo ensino por correspondência, modalidade que marca o início da EAD em todo o mundo e principalmente no Brasil, na primeira metade do século XX; a segunda geração caracteriza-se pela Teleducação/Telecursos, modalidade que surge no Brasil no final dos anos de 1970, com transmissão de aulas ou veiculação de programas educacionais pré-gravados por emissoras educativas, preserva o uso de material impresso e incorpora o uso da televisão e de videoaulas, audiocassetes e sistemas de telefonia; na terceira geração encontram-se os ambientes interativos, inovando pelo uso de redes de comunicação interativas, como a web e os sistemas de videoconferência, incorporando as mídias anteriores e criando oportunidades para um aprendizado cooperativo online.

Já os autores Cabral, Oliveira e Tarcia (2007, p. 7) dividem a história da EAD em quatro gerações. A primeira geração é aquela baseada em textos impressos ou escritos a mão; a segunda geração é caracterizada pelo uso da televisão e do áudio; a terceira geração de EAD pela utilização multimídia da televisão, texto e áudio e, por fim, a quarta geração que organiza os processos educativos em torno do computador e da internet.

Para Taylor (2001), há a emergência da quinta geração da EAD baseada na exploração mais aprofundada de novas tecnologias. Segundo este autor, historicamente as operações em Educação a Distância evoluíram pelas quatro gerações que se seguem: primeiramente, veio o Modelo por Correspondência, baseado na tecnologia de impressão; em segundo, o Modelo Multimídia, baseado em tecnologias impressas e audiovisuais; em terceiro, o Modelo de Teleaprendizagem, baseado em aplicações das tecnologias de telecomunicação que forneciam oportunidades para a comunicação sincrônica; e, por último, o Modelo de Aprendizagem Flexível, baseado no envio online do material via internet. No entanto, apesar de algumas universidades ainda estarem iniciando a implementação das iniciativas de EAD de quarta geração, a quinta já está implementada em muitas instituições. Esta última geração é essencialmente uma derivação da quarta que visa a tirar maior vantagem dos recursos da internet e da web. Nesse sentido, esse autor juntamente com seus colaboradores, elaborou um quadro comparativo das características dos vários modelos de EAD, visando colocar o Modelo de Aprendizagem Flexível Inteligente em um enquadramento conceitual significativo. Este quadro trata das características da EAD relevantes para a aprendizagem relacionadas com um indicador dos custos variáveis para as instituições (TAYLOR, 2001).

Assim, segundo Taylor (2001, p. 4), "é importante perceber que, antes do advento das trocas de informação online, os custos variáveis tendiam a crescer ou decrescer diretamente relacionados às flutuações no volume de atividade (e frequentemente de maneira linear)". Por exemplo, no tipo de troca envolvido na EAD de segunda geração, a distribuição de pacotes de materiais autoinstrucionais (guias de estudo impressos, fitas de áudio e de vídeo etc.) tem um custo variável, que oscila em proporção direta ao número de alunos matriculados. Em contraste, a EAD de quinta geração tem o potencial de reduzir significativamente os custos associados ao provimento de acesso aos processos institucionais e ao ensino online. Através do desenvolvimento e da implementação de sistemas (softwares) educacionais automatizados, sistemas de orientação pedagógica automatizados e sistemas de negócio automatizados, a quinta geração da EAD

Quadro I: Modelos de Educação a Distância – Um Enquadramento Conceitual

Modelos de Educação a Distância e tecnologias associadas	Flexibilidade Tempo	Flexibilidade Lugar	Flexibilidade Pace	Materiais altamente refinados	Troca altamente interativa	Custos institucionais variáveis próximos de zero
PRIMEIRA GERAÇÃO -						
O Modelo da Correspondência						
Impressão	Sim	Sim	Sim	Sim	Não	Não
SEGUNDA GERAÇÃO -						
O Modelo Multimídia						
Impressão	Sim	Sim	Sim	Sim	Não	Não
Fita de áudio	Sim	Sim	Sim	Sim	Não	Não
Fita de vídeo	Sim	Sim	Sim	Sim	Não	Não
Aprendizagem baseada no computador (ex: CML/CAL/IMM)	Sim	Sim	Sim	Sim	Sim	Não
Vídeo interativo (disco e fita)	Sim	Sim	Sim	Sim	Sim	Não
TERCEIRA GERAÇÃO -						
O Modelo de Teleaprendizagem						
Áudio-teleconferência	Não	Não	Não	Não	Sim	Não
Videoconferência	Não	Não	Não	Não	Sim	Não
Comunicação audiográfica	Não	Não	Não	Sim	Sim	Não
Transmissão de TV/Rádio e áudio-tele conferência	Não	Não	Não	Sim	Sim	Não

QUARTA GERAÇÃO -					
O Modelo da Aprendizagem Flexível					
Multimídia interativa (IMM) online	Sim	Sim	Sim	Sim	Sim
Acesso via internet a recursos www	Sim	Sim	Sim	Sim	Sim
Comunicação mediada por computador	Sim	Sim	Sim	Sim	Não
QUINTA GERAÇÃO -					
O Modelo da Aprendizagem Flexível Inteligente					
Multimídia interativa (IMM) online	Sim	Sim	Sim	Sim	Sim
Acesso via internet a recursos www	Sim	Sim	Sim	Sim	Sim
Comunicação mediada por computador, usando sistemas de resposta automáticos	Sim	Sim	Sim	Sim	Sim
Acesso via portal do Campus aos processos e recursos da instituição	Sim	Sim	Sim	Sim	Sim

Fonte: Taylor (2001, p. 3)

tem o potencial de dar um grande salto na economia de escala[1] e na eficácia de custo associada. Além disso, a implementação efetiva da tecnologia da quinta geração de EAD provavelmente não transformará apenas a EAD, mas transformará também a experiência dos estudantes relacionada a ela (TAYLOR, 2001).

Uma característica marcante da EAD na atualidade é a presença da comunicação bi e multidirecional, ou seja, a comunicação entre professores e alunos de mão dupla bem como entre todos os alunos de um mesmo grupo ou curso e mesmo de outros grupos e localidades, caracterizando a comunicação em rede; processo de comunicação garantido pelo uso de tecnologias interativas. O desafio que permanece recai no potencial pedagógico que essas tecnologias oferecem para o processo de construção de conhecimento.

"Se a ciência e a tecnologia são consideradas etapas históricas da práxis humana" (FIORENTINI, 2003, p. 37), com a emergência do ciberespaço podemos dizer que grandes desafios precisam ser superados. O primeiro deles está em explorar pedagogicamente o potencial interativo/comunicativo das tecnologias da informação e da comunicação disponíveis no tempo presente. A EAD é um fato na realidade nacional e mundial e está legalmente integrada ao sistema de ensino. É urgente, no entanto, que a implementação das propostas voltadas para essa área não menosprezem todo esse potencial que as Tecnologias Digitais da Informação e Comunicação (TDIC) apresentam. Outro grande desafio, paradoxalmente, diz respeito à imensa gama de pessoas excluídas digitalmente. A falta de acesso ao computador e à internet ainda se configura como um grande

---

1. Economia de escala caracteriza um processo de produção no qual um aumento no número de unidades produzidas causa uma diminuição no custo fixo médio de cada unidade.

desafio que precisa ser enfrentado seja pelo poder público seja pela iniciativa privada. Finalmente, ressaltamos mais uma vez a necessidade de capacitar – técnica e pedagogicamente – os profissionais que se voltam para essa área.

Em países com mais tradição na área da EAD já existem instituições voltadas exclusivamente para sua avaliação e reconhecimento de cursos oferecidos nesta modalidade, como por exemplo, nos Estados Unidos, o Distance Education Accrediting Commission (DEAC). Esta é uma organização privada, sem fins lucrativos, fundada em 1926 que reconhece instituições que oferecem cursos nesta modalidade. Ela atua com instituições que oferecem o ensino médio, superior, incluindo cursos de graduação, mestrado e doutorado profissional. Seu *website* (www. deac.org) oferece informações úteis para alunos, professores, administradores e o público em geral interessado no reconhecimento de cursos de EAD.

No Brasil o credenciamento de Instituições de Ensino Superior (IES) que desejam oferecer cursos a distância precisam se submeter à legislação nacional emanada do Ministério da Educação (MEC) e seu reconhecimento é feito pelo INEP. A seguir, falaremos sobre os processos legislativos referentes à EAD em nosso país.

Legislação da EAD: novo marco regulatório

No Brasil, a base legal para a EAD vem sofrendo alterações ao longo dos anos. Mas, podemos dizer que a legislação da EAD teve início com a Lei de Diretrizes e Bases da Educação Nacional (LDBEN – Lei n. 9.394, de 20 de dezembro de 1996). Ou seja, com esta lei, a EAD ganhou *status* de modalidade plenamente integrada ao sistema de ensino. A referida lei está regulamentada pelo Decreto n. 9.057, de 25 de maio de 2017, que, por sua vez, está normatizado pela Portaria n. 11, de 20 de junho de 2017, estabelecendo normas para o credenciamento de instituições e a oferta de cursos superiores a distância.

Por que estamos falando em novo marco regulatório para a EAD no Brasil? É importante lembrar que a legislação que regulamentava a EAD até 2017 era o Decreto n. 5.622/2005. Com a publicação no *Diário Oficial da União* (DOU) do Decreto n. 9.057 passamos a ter o que vem sendo analisado como novo marco regulatório para a EAD em nosso país. Este novo marco regulatório trouxe algumas mudanças no que concerne ao credenciamento de polos e ao processo de credenciamento e recredenciamento de instituições, dentre outras. A seguir, trazemos os principais pontos abordados na nova legislação.

O Decreto n. 9.057, de 25 de maio de 2017, está dividido em quatro capítulos. O Capítulo I traz as disposições gerais; o Capítulo II trata da oferta de cursos na modalidade a distância na educação básica; o Capítulo III aborda a oferta de cursos de EAD no ensino superior e, por fim, o Capítulo IV trata das disposições finais e transitórias.

O Art. 1º do Decreto mantém a prerrogativa da EAD como proposta de flexibilidade espaçotemporal e mediação do processo didático-pedagógico por meio das TDIC. Mas, inclui em sua escrita a necessidade "de pessoal qualificado, com políticas de acesso, com acompanhamento e avaliação compatíveis" (p. 1).

O Art. 2º inova ao incluir a educação básica na modalidade EAD. No entanto, esta inclusão gerou controvérsias, levando à republicação do Art. 9º deste Decreto (DOU n. 102, 30/05/2017, Seção 1, p. 1). Desta forma, o Art. 9º que trata da oferta de EAD no ensino fundamental em situações emergenciais, ficou com a seguinte escrita ao se referir a quais pessoas estariam em situações emergenciais; são aquelas que:

I - estejam impedidas, por motivo de saúde, de acompanhar o ensino presencial;

II - se encontrem no exterior, por qualquer motivo;

III - vivam em localidades que não possuam rede regular de atendimento escolar presencial;

IV - sejam transferidas compulsoriamente para regiões de difícil acesso, incluídas as missões localizadas em regiões de fronteira; ou

V - estejam em situação de privação de liberdade.

Assim, alegando incorreção na escrita original publicada no dia 25/05/2017, suprimiu-se o trecho referente a pessoas que "estejam matriculadas nos anos finais do ensino fundamental regular e estejam privadas da oferta de disciplinas obrigatórias do currículo escolar (DECRETO n. 9.057). Esperamos, no entanto, que estas supostas situações emergenciais não sejam utilizadas como justificativa para a precarização da formação dos estudantes e do trabalho docente.

De acordo com o Art. 3º do Decreto, a criação, organização, oferta e desenvolvimento de cursos EAD continuam vinculados à legislação vigente e às normas do MEC.

O Art. 4º estabelece que a sede da IES ou polo ou ambiente profissional, conforme previsto nas Diretrizes Curriculares Nacionais (DCN) do curso serão os locais em que as atividades presenciais (tutorias, avaliações, estágios etc.) poderão ocorrer.

O Art. 5º inova ao abrir a possibilidade de polo no exterior. Ou seja, o polo de EAD, unidade acadêmica e operacional descentralizada, poderá existir fora do país.

O Art. 6º traz as competências do MEC, em articulação com os órgãos e entidades a ele vinculados, que são:

I - o credenciamento e o recredenciamento de instituições de ensino (IE) dos sistemas federal, estaduais e distrital para a oferta de educação superior a distância;

II - a autorização, o reconhecimento e a renovação de reconhecimento de cursos superiores na modalidade a distância de instituições de ensino integrantes do sistema federal de ensino, respeitando as prerrogativas de autonomia.

Já o Art. 7º trata da publicização, pelos sistemas de ensino, dos dados e atos referentes a:

I - credenciamento e recredenciamento institucional para oferta de cursos na modalidade EAD;

II - autorização, reconhecimento e renovação de reconhecimento de cursos na modalidade EAD;

III - resultados dos processos de avaliação e de supervisão da EAD.

O Art. 8º do Cap. II do Decreto n. 9.057 afirma que "compete às autoridades dos sistemas de ensino estaduais, municipais e distrital, no âmbito da unidade federativa, autorizar os cursos e o funcionamento de instituições de educação na modalidade a distância [...]" (p. 2). Esses níveis e modalidades são: ensino fundamental, ensino médio, educação profissional técnica de nível médio, educação de jovens e adultos (EJA) e educação especial.

O Art. 11 do Cap. III afirma que as IES privadas precisam solicitar ao MEC o credenciamento para a oferta de cursos superiores na modalidade EAD. No entanto, há uma inovação neste sentido: a permissão de credenciamento exclusivo para a oferta de cursos de graduação e pós-graduação *lato sensu* na modalidade EAD (Art. 11, § 2º).

Já o credenciamento das instituições de ensino superior públicas dos sistemas federal, estadual e distrital é automático (Art. 12).

As escolas de governo do sistema federal credenciadas pelo MEC para a oferta de cursos de pós-graduação *lato sensu* poderão ofertar seus cursos tanto presenciais quanto a distância (Art. 11, § 4º). Já as escolas de governo dos sistemas estaduais e distrital deverão solicitar credenciamento junto ao MEC para a oferta de cursos EAD (Art. 11, § 5º).

Uma outra novidade que observamos na nova legislação refere-se à avaliação *in loco* apenas na sede da instituição de ensino (Art. 13). Ou seja, as avaliações nos polos deixam de existir, dando mais agilidade aos processos.

O Art. 14 afirma que as IES "credenciadas para a oferta de EAD que detenham a prerrogativa de autonomia dos sistemas de ensino federal, estaduais e distrital independem de autorização para o funcionamento de curso superior na modalidade a distância" (p. 3). No entanto, precisam informar ao MEC quando da oferta de curso de EAD (Art. 14, parágrafo único).

A criação de polo EAD fica condicionada ao cumprimento dos parâmetros definidos pelo MEC, de acordo com os resultados da avaliação institucional (Art. 16), cabendo às instituições de ensino informar tanto a criação quanto a extinção de polos (Art. 16, § 1º e § 2º).

Quando os pedidos de autorização, de reconhecimento e de renovação de reconhecimento forem de cursos superiores na modalidade EAD que se limitem aos Estados e Distrito Federal nos quais estejam sediadas as instituições, os trâmites legais ocorrem no mesmo limite, ou seja, Estado ou Distrito Federal (Art. 17).

De acordo com o Art. 18 a oferta de programas de pós-graduação *stricto sensu* na modalidade a distância ficará condicionada "a recomendação da Coordenação de Aperfeiçoamento de Pessoal de Nível Superior (CAPES), observadas as diretrizes e os pareceres do Conselho Nacional de Educação (CNE)" (p. 4).

A legislação permite o regime de parceria entre uma instituição de ensino credenciada para EAD e outras pessoas jurídicas "para fins de funcionamento de polo" (Art. 19). Tal parceria deverá ser formalizada em documento próprio (Art. 19, § 1º), sendo responsabilidade exclusiva da instituição ofertante do curso: prática de atos acadêmicos referentes ao objeto da parceria; corpo docente; tutores; material didático e expedição das titulações conferidas.

O Cap. IV do Decreto 9.057 trata das disposições finais e transitórias. Nesse sentido, apresentamos de forma resumida os artigos deste capítulo:

• Art. 20: afirma que os órgãos competentes podem, motivadamente, realizar ações de monitoramento, de avaliação e de supervisão de cursos, polos ou instituições.

• Art. 21: trata do não afastamento das disposições específicas referentes aos sistemas públicos de EAD, à UAB e à Rede e-Tec Brasil.

• Art. 22: Os atos válidos para as instituições já credenciadas para oferecer pós-graduação valem para o oferecimento de cursos de graduação.

• Art. 23 e seus incisos: tratam dos processos em tramitação na data de publicação do Decreto n. 9.057.

• Art. 24: trata dos Decretos revogados (Decreto n. 5.622, de 19/12/2005; Art. 1º do Decreto n. 6.303 de 12/12/2007).

A seguir, iremos discutir a Portaria n. 11, de 20 de junho de 2017. Esta portaria regulamenta o Decreto n. 9.057, estabelecendo normas para o credenciamento de instituições e a oferta de cursos superiores a distância.

A Portaria Normativa n. 11 (20/06/2017) está dividida em quatro capítulos. O primeiro deles trata do credenciamento da EAD; o segundo dispõe sobre a criação, a organização, a oferta e o desenvolvimento de cursos a distância; o terceiro trata dos polos de EAD e, finalmente, o quarto capítulo traz as disposições finais e transitórias.

Já no Art. 1º do Cap. I, que trata sobre o credenciamento da EAD pelas instituições, temos novidades: a permissão de credenciamento de Instituições de Educação Superior (IES) para a oferta exclusiva de cursos a distância (§ 2º). Antes, somente as instituições com cursos superiores presenciais podiam ofertar cursos EAD. A permissão vale para a oferta de cursos superiores de graduação e pós-graduação *lato sensu*, dependendo de credenciamento específico. Vale destacar que o credenciamento não é exigido para IES públicas dos sistemas federal, estaduais e distrital. Caberá à Secretaria de Regulação e Supervisão do Ensino Superior (SERES) receber os pedidos de credenciamento de EAD protocolados pelas IES (Art. 2º, § 1º) e, ainda, a publicação de portaria dando publicidade ao credenciamento de EAD, com o estabelecimento do prazo para o recredenciamento (Art. 2º, § 2º).

O Art. 5º afirma que "as avaliações *in loco* nos processos de EAD serão concentradas no endereço sede da IES". Tais avaliações visam a verificação da existência e adequação de metodologias, infraestrutura física, tecnológica e de pessoal que possibilitem a realização das atividades previstas no PDI e no PPC (§ 1º). Além disso, deve-se verificar (por meio documental ou pelo uso de tecnologias) os polos previstos no PDI e nos PPC, e os ambientes profissionais utilizados para estágio supervisionado e atividades presenciais (§ 2º).

O Cap. II da Portaria trata da criação, da organização, da oferta e do desenvolvimento de cursos a distância. Em seu Art. 6º temos que "a criação de cursos superiores a distância, restrita às IES devidamente credenciadas para esta modalidade, é condicionada à emissão de": ato próprio pelas IES detentoras de prerrogativas de autonomia, que deverão apenas informar seus cursos ao MEC por meio do Sistema e-MEC (Art. 6º, § 1º), visto que são dispensadas do pedido de autorização (Art. 6º, § 2º); autorização, pela SERES, de curso de IES pertencentes ao sistema federal de ensino não detentoras de prerrogativas de autonomia; autorização, pelo órgão competente, de curso de IES pertencentes aos sistemas de ensino estaduais e distrital; autorização, pela SERES, de curso de IES pertencentes aos sistemas de ensino estaduais e distrital, a ser ofertado fora do estado da sede da IES.

Os Art. 7º e 8º da referida Portaria realçam a importância das DCN e, também, do PDI e PPC, visto que estes documentos são avaliados nos processos de credenciamento e recredenciamento de EAD. As DCN dos cursos continuam sendo referência, inclusive para verificar os momentos presenciais obrigatórios e outras especificidades de cada área.

O Cap. III da Portaria trata dos polos de EAD. De acordo com o Decreto n. 9.057 (25/05/2017) o polo de EAD "é a instituição acadêmica e operacional descentralizada, no país ou no exterior, para o desenvolvimento de atividades presenciais relativas aos cursos ofertados na modalidade a distância" (p. 1). Este ambiente deve apresentar a identificação da IES responsável pela oferta dos cursos, com infraestrutura física, tecnológica e de pessoal. Para tanto, um polo deve conter: salas de aula ou auditório; laboratório de informática; laboratórios específicos presenciais ou virtuais; sala de tutoria; ambiente para apoio técnico-administrativo; acervo físico ou digital de bibliografias básica e complementar; recursos de TIC; organização dos conteúdos digitais.

Em relação ao quesito polo a Portaria traz uma inovação: a possibilidade de criação de polos de EAD por ato próprio pelas instituições já credenciadas para esta modalidade de ensino. Consta ainda o detalhamento da quantidade de polos que as instituições poderão criar, baseado no Conceito Institucional (CI) mais recente da instituição: instituições com CI 3 poderão criar até 50 polos por ano; as com CI 4 poderão criar até 150 e as com CI 5 poderão criar até 250 polos anuais. Antes do Decreto, publicado em 2017, os processos de credenciamento de polos eram analisados pelo MEC, com tempo de análise bastante prolongado. Desta forma, acredita-se que haverá um crescimento do número de polos no Brasil, implicando, claro, em mais oferta de cursos EAD.

De acordo com o Art. 21 da Portaria n. 11 são considerados ambientes profissionais: empresas públicas ou privadas, indústrias, estabelecimentos comerciais ou de serviços, agências públicas e organismos governamentais, destinados a integrarem os processos formativos de cursos superiores a distância, como a realização de atividades presenciais ou estágios supervisionados, com justificada relevância descrita no PPC. Além disso, a utilização de um ambiente profissional na EAD depende de parceria formalizada em documento próprio, contendo as obrigações da entidade parceira e as responsabilidades da IES (Art. 21, §1º).

Cabe à SERES realizar ações de monitoramento, de avaliação e de supervisão de cursos, polos ou IES, quando houver motivo para tal (Art. 53).

A seguir apresentamos a Portaria n. 90, de 24 de abril de 2019 (que revogou a recente Portaria n. 275, de 18/12/2018); dispõe sobre os programas de pós-graduação *stricto sensu* na modalidade EAD. Assim, o Art. 1º desta Portaria já anuncia o seu objetivo: regulamentar os programas de pós-graduação *stricto sensu*. Isto é uma novidade no cenário da educação nacional.

O Art. 2º afirma que os programas de pós-graduação podem ofertar cursos de mestrado e doutorado na modalidade EAD, podendo se estruturar pedagogicamente em níveis de mestrado ou doutorado, acadêmicos ou profissionais, que seguirão as mesmas normas aplicáveis a todos os programas *stricto sensu* (Art. 4º), cujos títulos obtidos terão a mesma validade nacional que os presenciais (Art. 5º).

De acordo com o Art. 7º há exigência de atividades presenciais para: estágios obrigatórios, seminários integrativos, práticas profissionais e avaliações presenciais, em conformidade com o projeto pedagógico do curso e previstos nos regulamentos; pesquisas de campo e atividades relacionadas a laboratório, quando se aplicar. Tais atividades presenciais poderão ser realizadas na sede da instituição, em ambiente profissional ou em polos de EAD (Art. 8º). No entanto, a criação de polo EAD para curso *stricto sensu* fica condicionada à autorização da Capes (Parágrafo único do Art. 8º).

O Cap. II da Portaria 90 trata das instituições que oferecerão cursos a distância e, em seu Art. 9º, apresenta os requisitos para tal, que são: I - instituições que tenham o Índice Geral de Cursos (IGC) igual ou superior a 4 (quatro); II - instituições que sejam credenciadas junto ao MEC para a oferta de cursos a distância, conforme Decreto n. 9.057, de 2017. O Parágrafo único do Art. 9º afirma que, para aquelas instituições em que o IGC não se aplica, elas devem possuir pelo menos um programa *stricto sensu* reconhecido pelo MEC, em funcionamento, com nota 4 e na mesma área de avaliação do curso novo.

O Cap. III da Portaria 90 aborda a submissão de propostas de cursos novos na modalidade a distância. Cabe à CAPES a análise das propostas de cursos novos de mestrado e doutorado EAD (Art. 11). Tais propostas de cursos novos podem ser individuais ou em formas associativas (Art. 12). A documentação comprobatória deverá ser enviada à CAPES (Art. 12, § 1º) que verificará a validade e se a instituição está apta, encaminhando, então, as informações à área de avaliação (Art. 12, § 2º).

O Art. 18 trata do regulamento do programa a distância, que deverá abranger os seguintes capítulos: I - quantitativo máximo de vagas; II - infraestrutura compatível com a EAD; III - estrutura curricular do programa; IV - critérios de credenciamento e descredenciamento de docentes; V - estratégias para evitar fraudes; VI - critérios para manutenção da qualidade do programa (§ 1º). E, ainda, no caso de instituições com polos: I - infraestrutura na sede e nos polos; II - funcionamento dos polos (§ 2º). E o § 3º trata da emissão de diplomas, que deverá ser emitido pelas IES ou, no caso de formas associativas, pelas diferentes instituições.

Caberá à CAPES o acompanhamento e a avaliação periódica do desempenho dos cursos de mestrado e de doutorado a distância (Art. 19), com comissões próprias (Art. 19, § 1º) e utilizando critérios que cumpram os preceitos desta Portaria n. 90 (Art. 19, § 2º). Cabe à CAPES, também, dirimir os casos omissos na referida Portaria.

A seguir vamos discorrer sobre a Portaria n. 1.428, de 28 de dezembro de 2018, que dispõe sobre a oferta, por IES, de disciplinas a distância em cursos de graduação presencial. Esta Portaria revoga a de n. 1.134 (10/10/2016).

De acordo com esta nova Portaria as IES que possuam pelo menos um curso de graduação reconhecido poderão introduzir a oferta de disciplinas a distância na organização pedagógica e curricular de seus cursos de graduação presenciais, regularmente autorizados, até o limite de 20% da carga horária total do curso (Art. 2º).

A matriz curricular do curso deve indicar quais disciplinas serão ofertadas na modalidade EAD, indicando a metodologia a ser usada no projeto pedagógico do curso (Art. 2º, Parágrafo único).

A novidade que esta Portaria traz é que este limite de 20% na carga horária pode ser ampliado para até 40%, desde que os seguintes requisitos sejam atendidos: a IES deve estar credenciada em ambas as modalidades (presencial e EAD), com CI igual ou superior a quatro; a IES deve possuir um curso de graduação na modalidade EAD, com CC igual ou superior a quatro, que tenha a mesma denominação e grau de um dos cursos de graduação presencial reconhecidos e ofertados pela IES; os cursos de graduação presencial que poderão utilizar os limites definidos devem ser reconhecidos, com CC igual ou superior a quatro; a IES não pode estar submetida a processo de supervisão (Art. 3º, I a IV).

Esta ampliação da oferta de disciplinas na modalidade a distância não se aplica aos cursos de graduação presenciais da área de saúde e das engenharias (Art. 6º).

De acordo com a Portaria, as disciplinas previstas em EAD devem incluir o uso das TIC, bem como possuir tutores e profissionais da educação com formação na área do curso, além de material didático específico. O PPC do curso e o plano de ensino da disciplina devem descrever as atividades realizadas a distância, explicitando a carga horária definida (Art. 7º). Além disso, os processos seletivos devem informar previamente aos candidatos sobre a existência de carga horária EAD nos cursos (Art. 8º). Há exigência de momentos presenciais, pelo menos para avaliação (Art. 9º).

O "novo" ensino médio e a EAD

As mudanças que estão sendo implementadas para o ensino médio nacional, caracterizando o que vem sendo chamado de reforma ou novo Ensino Médio, estão amparadas em diversos documentos, dentre eles a Base Nacional Comum Curricular (BNCC), homologada em 14 de dezembro de 2018, e a Resolução n. 3, de 21 de novembro de 2018.

A BNCC não deve ser compreendida como um currículo; ela apresenta, na verdade, um conjunto de orientações que irá conduzir as equipes pedagógicas na construção dos currículos locais das escolas e redes de ensino. Já a Resolução n. 3 atualiza as Diretrizes Curriculares Nacionais do Ensino Médio (DCNEM) e trata das normas a serem observadas pelos sistemas de ensino e suas unidades escolares na organização curricular.

De acordo com o Art. 17 da Resolução n. 3:

> O ensino médio, etapa final da educação básica, concebida como conjunto orgânico, sequencial e articulado, deve assegurar sua função formativa para todos os estudantes, sejam adolescentes, jovens ou adultos, mediante diferentes formas de oferta e organização.

Estamos trazendo este tópico sobre o ensino médio para este livro com o objetivo de alertar para as possibilidades apontadas pela nova legislação ao introduzir a EAD neste nível educacional. Apesar das muitas críticas recebidas ao longo da construção do "novo" ensino médio, as propostas foram aprovadas e é o que temos pela frente. Resta-nos nos adequar da melhor maneira possível.

Faremos uma síntese para apresentar os principais pontos das DCNEM:

• Os currículos do ensino médio são compostos por uma formação geral básica (até 1.800h – competências e habilidades previstas na BNCC) e itinerário formativo (até 1.200h – organizados a partir das áreas do conhecimento e da formação técnica e profissional), indissociavelmente.

• Itinerário formativo: são unidades curriculares ofertadas pelas instituições e redes de ensino como aprofundamento de conhecimentos e preparação para o prosseguimento de estudos ou para o mundo do trabalho.

• Os itinerários formativos deverão ser estruturados a partir de áreas do conhecimento e da formação técnica e profissional, considerando: I - linguagens e suas tecnologias; II - matemática e suas tecnologias III; – ciências da natureza e suas tecnologias; IV - ciências humanas e sociais aplicadas; V - formação técnica e profissional.

• Os itinerários formativos terão quatro eixos estruturantes: I) Investigação científica; II) Processos criativos; III) Mediação e intervenção sociocultural; IV) Empreendedorismo.

• Os currículos podem permitir que o estudante curse: I – mais de um itinerário formativo dentro de seu curso de ensino médio; II – itinerários formativos de forma concomitante ou sequencial.

• Os sistemas de ensino devem garantir a oferta de mais de um itinerário formativo em cada município, em áreas distintas.

- Para garantir a oferta de diferentes itinerários formativos, podem ser estabelecidas parcerias entre diferentes instituições de ensino.

- Cabe à escola orientar os estudantes na escolha do itinerário formativo.

No Capítulo II das Diretrizes, que trata das formas de oferta e organização do ensino médio, encontramos os desdobramentos do Art. 17 nos parágrafos que tratam especificamente da EAD. Transcrevemos a seguir estes parágrafos.

§ 5º Na modalidade de educação de jovens e adultos é possível oferecer até 80% (oitenta por cento) de sua carga horária a distância, tanto na formação geral básica quanto nos itinerários formativos do currículo, desde que haja suporte tecnológico – digital ou não – e pedagógico apropriado.

§ 13. As atividades realizadas pelos estudantes, consideradas parte da carga horária do ensino médio, podem ser aulas, cursos, estágios, oficinas, trabalho supervisionado, atividades de extensão, pesquisa de campo, iniciação científica, aprendizagem profissional, participação em trabalhos voluntários e demais atividades com intencionalidade pedagógica orientadas pelos docentes, assim como podem ser realizadas na forma presencial – mediada ou não por tecnologia – ou a distância, inclusive mediante regime de parceria com instituições previamente credenciadas pelo sistema de ensino.

§ 15. As atividades realizadas a distância podem contemplar até 20% (vinte por cento) da carga horária total, podendo incidir tanto na formação geral básica quanto, preferencialmente, nos itinerários formativos do currículo, desde que haja suporte tecnológico – digital ou não – e pedagógico apropriado, necessariamente com acompanhamento/coordenação de docente da unidade escolar onde o estudante está matriculado, podendo a critério dos sistemas de ensino expandir para até 30% (trinta por cento) no ensino médio noturno.

Há a possibilidade do estabelecimento de parcerias com instituições educacionais devidamente reconhecidas pelo sistema de ensino tanto para o oferecimento de itinerários formativos quanto para a carga horária EAD.

De forma resumida, a modalidade a distância pode ser usada no ensino médio (opcional):

• Até 20% – ensino médio diurno, preferencialmente nos itinerários formativos do currículo, necessariamente com acompanhamento/coordenação de docente.

• Até 30% – ensino médio noturno, preferencialmente nos itinerários formativos do currículo, necessariamente com acompanhamento/coordenação de docente.

• Até 80% – Educação de Jovens e Adultos (EJA).

Ressaltamos que a EAD no ensino fundamental, ainda é um assunto muito novo. Portanto, cabe a todos nós, educadores, acompanhar o que virá pela frente na implementação da nova proposta do ensino médio. Não só no que tange à EAD, mas em todas as mudanças que serão realizadas neste nível de ensino.

Para Carneiro (1998), o Art. 80[2] da LDBEN determina que o Poder Público vai não apenas incentivar o desenvolvimento de programas de EAD, mas, também, programas de educação continuada na modalidade de EAD. Ou seja, entende-se que a educação, independente da modalidade, não é um produto, mas um processo e, portanto, nunca se termina de aprender e de modificá-la.

---

2. Art. 80: O Poder Público incentivará o desenvolvimento e a veiculação de ensino a distância, em todos os níveis e modalidades de ensino, e de educação continuada.

A extinta Secretaria de Educação a Distância (SEED)

Devido ao crescimento da EAD e da sua presença cada vez maior nas diversas instituições (empresas, universidades, escolas, ONGs) – tanto no sistema formal quanto não formal de ensino – o MEC criou, em 1996, a Secretaria de Educação a Distância (SEED), objetivando inovações a partir da área tecnológica nos processos de ensino e aprendizagem. Objetivava, também, promover a pesquisa e o desenvolvimento voltados para a introdução de novos conceitos e práticas nas escolas públicas brasileiras (SEED, 2006). Nesse sentido, a missão da SEED era:

> Atuar como agente de inovação dos processos de ensino-aprendizagem, fomentando a incorporação das Tecnologias de Informação e Comunicação (TICs) e da Educação a Distância aos métodos didático-pedagógicos das escolas públicas (SEED, 2006, p. 1).

No entanto, em 2011, o MEC extinguiu esta Secretaria. Os projetos da SEED migraram para a Secretaria de Educação Básica ou de Ensino Superior. A ideia, de acordo com a proposta do ministério é que, com o crescimento da modalidade, ela passe a ser gerida pelas secretarias convencionais, com as mesmas medidas para as modalidades presenciais e a distância.

As opiniões sobre esta extinção divergem entre os especialistas em EAD. Para Litto "a extinção da SEED é um sinal de que a EAD caminha para se tornar parte integrante do processo educacional como um todo, e não como uma modalidade isolada deles [...]" (2011, p. 1).

Para o especialista em EAD, José Manuel Moran, "Extinguir a Secretaria de Educação a Distância do Ministério da Educação

(MEC) [...] foi prematuro e aumentou o risco de a modalidade ficar em segundo plano" (2011, p. 1).

Outro especialista a se manifestar sobre o assunto foi João Mattar, enviando, inclusive, uma "Carta Aberta ao MEC sobre a extinção da SEED", dirigida ao então Ministro da Educação, à época, Fernando Haddad. Nesta carta ele lamenta a extinção da secretaria e especula sobre os motivos de tal atitude:

> "A extinção representaria uma avaliação negativa das atividades da SEED?" [...] Outra especulação é de que o MEC considera não ter mais sentido a existência de uma Secretaria voltada apenas para a EaD: estaríamos maduros o suficiente para misturar a educação presencial e à distância (MATTAR, 2011, p. 1).

Mattar, na carta, solicita ainda que a extinção da SEED seja revogada; e que haja um debate da comunidade em relação aos assuntos da área de educação.

Em 20 de setembro de 2011 foi publicada a Portaria n. 1.277, que, dentre outras medidas, transferiu os saldos da extinta SEED para outras unidades, conforme Art. 4º a seguir:

> Art. 4º: Os saldos contábeis procedentes da extinta Secretaria de Educação a Distância – SEED serão transferidos para as seguintes unidades do MEC:
>
> I - Secretaria de Educação Básica – SEB;
>
> II - Secretaria de Educação Profissional e Tecnológica – SETEC;
>
> III - Secretaria de Regulação e Supervisão da Educação Superior – SERES;
>
> IV - Subsecretaria de Assuntos Administrativos – SAA;
>
> V - Fundo Nacional de Desenvolvimento da Educação – FNDE e
>
> VI - Coordenação de Aperfeiçoamento de Pessoal de Nível Superior – CAPES.

É bom lembrar que a SEED desenvolveu programas e ações importantes no sentido de inserir as tecnologias digitais no cotidiano escolar bem como na formação de professores, como: criação de biblioteca virtual de domínio público, DVD escola, e-Proinfo, e-TEC Brasil, Banco Internacional de Objetos Educacionais, TV Escola, Sistema UAB, Portal do Professor, Programa Um Computador por Aluno (UCA), dentre outros.

Universidade Aberta do Brasil (UAB)

O Sistema Universidade Aberta do Brasil (UAB) foi instituído pelo Decreto n. 5.800, em 08 de junho de 2006, para "o desenvolvimento da modalidade de educação a distância, com a finalidade de expandir e interiorizar a oferta de cursos e programas de educação superior no país". Trata-se de um sistema integrado por universidades públicas que oferece cursos superiores por meio da EAD, prioritariamente, para a formação inicial e continuada dos professores da educação básica, assim como, dirigentes, gestores e trabalhadores em educação dos estados, municípios e do Distrito Federal. Atualmente, o Sistema UAB conta com 109 Instituições Públicas de Ensino Superior (IPES), ofertando 800 cursos em 771 polos, de acordo com dados de janeiro de 2018.

Os Polos UAB são mantidos em regime de colaboração por estados e, especialmente municípios, visando garantir o apoio acadêmico, tecnológico e administrativo às atividades de ensino-aprendizagem.

Assim, o Sistema UAB não se constitui em uma nova instituição de ensino e se articula com os governos estaduais, municipais e instituições públicas de ensino superior, com ação prioritária na formação inicial e continuada de professores para a educação básica. Caberá aos estados e municípios a responsabilidade pela implementação e sustanção de seus polos para o desenvolvimento das atividades presenciais. Cada polo poderá se associar a uma ou mais instituições públicas de ensino, as quais são responsáveis pela execução das atividades acadêmicas dos cursos superiores nos polos, bem como pela expedição dos diplomas aos concluintes dos cursos.

De acordo com as informações disponíveis no Portal CAPES, o Polo UAB é uma estrutura acadêmica de apoio pedagógico, tecnológico e administrativo para as atividades de ensino e aprendizagem dos cursos e programas de Educação a Distância – EAD, de responsabilidade das Instituições de Ensino Superior – IES.

O polo UAB é localizado, preferencialmente, em municípios de porte médio, que apresentam um total de habitantes entre 20 e 50 mil, e que não possuam instalações acadêmicas públicas de nível superior.

O referido Portal ainda informa que os polos UAB podem ser tipificados como efetivo ou associado. Um Polo Efetivo é aquele cuja entidade mantenedora, responsável pela infraestrutura física, tecnológica e de recursos humanos, é um governo estadual ou municipal. Já o Polo Associado é aquele cuja entidade mantenedora é uma IES integrante do sistema UAB. O Polo UAB associado geralmente localiza-se em um campus de uma IES.

Para implantar ou manter um Polo UAB, a instituição interessada deve dispor de espaços com mobiliário correspondente às suas finalidades, além de condições adequadas de conforto ambiental, iluminação, acústica e ventilação, garantindo que os espaços disponíveis permitam o pleno desenvolvimento das atividades previstas, em regime de compartilhamento por todas as IES nele atuantes. Desta forma, a infraestrutura necessária para os espaços gerais do Polo UAB são: sala para coordenação do Polo UAB (obrigatório); sala para secretaria do Polo UAB (obrigatório); sala de reunião (opcional); banheiros (ao menos um feminino e outro masculino) com acessibilidade, conforme o que demanda as Leis 10.908, de 19 de dezembro de 2000 e 11.982, de 2009;

Além disso, há a necessidade de espaços de apoio do Polo UAB (obrigatório), que são: laboratório de informática com instalações elétricas adequadas (rede estabilizada); biblioteca física, com espaço para estudos.

E, também, os espaços acadêmicos, que são: sala multiuso – para realização de aula(s), tutoria, prova(s), vídeo/webconferência(s) etc.; laboratório pedagógico (quando o curso oferecido exigir).

Os espaços acadêmicos podem estar situados em outros locais, a partir de convênios com outras instituições, porém, há a obrigatoriedade de pelo menos uma sala de aula/multiuso nas instalações do polo.

Para o polo associado admite-se a utilização compartilhada da secretaria acadêmica, biblioteca e demais ambientes, com exceção da sala de coordenação do polo, ambiente obrigatório e exclusivo.

Todos os espaços obrigatórios devem estar localizados no endereço sede do polo, podendo os demais espaços estar em locais distintos, desde que exista Termo de Cessão de Uso, assinado pelo proprietário do espaço, indicando os dias e horários de uso prioritário pelo polo UAB.

Um Polo UAB deve ter uma infraestrutura tecnológica composta, basicamente, por: computadores em número adequado para atender o quantitativo de alunos, conexão com a internet (banda larga), ferramentas pedagógicas tais como *datashow*;

lousa, podendo ser digital; equipamentos para conferência web ou videoconferência.

A composição da equipe do Polo UAB compreende: coordenador de polo (indicação do mantenedor do polo); assistente à docência, de acordo com a quantidade de alunos no polo (indicação das IES ofertantes de curso no polo); secretária(o) ou apoio administrativo; técnico(s) de informática; bibliotecária(o) ou auxiliar de biblioteca; técnico(s) para laboratórios pedagógicos, desde que exista laboratório de Biologia (Biologia), Química (Química), Física (Física), ateliê de artes (Artes), ou quadra poliesportiva (Educação Física); pessoal de segurança, opcional no caso de existirem equipamentos e necessidade de segurança; pessoal de manutenção e limpeza.

Como forma de ampliar o âmbito de atendimento da UAB, a novidade criada em 2019 é uma tecnologia desenvolvida por membros do Centro de Ciências Computacionais da Universidade Federal do Rio Grande (UFRG) em parceria com a CAPES, visando a expansão da modalidade de ensino a distância em locais sem internet ou com conectividade limitada. Intitulado AVAPolos, o projeto foi apresentado à CAPES, em Brasília. A ferramenta funciona 100% *offline* e foi criada para permitir que a UAB chegue às regiões mais remotas do país.

Desta forma, almeja-se um alcance maior dos cursos a distância no Brasil, por meio da UAB. Projetos que estão "parados" na CAPES poderão ser colocados em prática por meio desta nova ferramenta.

Assim, o Sistema Universidade Aberta do Brasil constitui-se na denominação representativa genérica para a rede nacional voltada para a pesquisa e para a educação superior (compreendendo formação inicial e continuada), formada pelo conjunto de instituições públicas de ensino superior, em articulação e integração com o conjunto de polos municipais de apoio presencial.

Uma ou mais instituições públicas de ensino superior oferecendo cursos superiores na modalidade de EAD, para atendimento aos estudantes nos polos municipais de apoio presencial; ou seja, o MEC não cria uma nova instituição de ensino, mas articula as já existentes. As instituições públicas de ensino superior apresentam propostas de cursos a distância a serem oferecidos nos municípios brasileiros que não têm oferta de cursos superiores ou cujos cursos ofertados não são suficientes para atender a todos os cidadãos.

A análise e a seleção dos polos são realizadas conforme os seguintes critérios: a adequação e a conformidade do projeto com os cursos superiores a serem oferecidos, considerando-se, especialmente para esse fim, a carência de oferta de ensino superior público na região de abrangência do polo; a demanda local ou regional por ensino superior público, de acordo com o quantitativo de concluintes e egressos do ensino médio e da educação de jovens e adultos; a pertinência dos cursos demandados e a capacidade de oferta por instituições federais de ensino na região (UAB, 2007).

A proposta da instituição pública de ensino superior deverá ser estruturada contendo: descrição do curso que poderá ser ofertado; recursos humanos disponíveis; projeto pedagógico; indicação do número de vagas; cronograma de execução do curso proposto; descrição das necessidades de infraestrutura física e logística relativas ao polo de apoio presencial. Há, ainda, a necessidade de apresentação, pelas instituições, do detalhamento em relação à quantidade de polos a serem implantados e sua localização. As propostas serão analisadas e selecionadas por uma comissão designada para esse fim, com base nos seguintes critérios: consistência do projeto pedagógico e relevância do curso proposto, competência e experiência acadêmica da equipe docente responsável e coerência com a demanda da área geográfica de abrangência (UAB, 2007).

É fato que as instituições de ensino superior públicas não acompanharam a demanda por serviços de educação e formação profissional nos últimos anos. As políticas de ajuste econômico e de contenção de despesas afetaram o crescimento das instituições públicas ocasionando um déficit educacional. Portanto, existe um déficit do sistema público em relação à oferta de vagas nas instituições de ensino superior no país. Isto posto, a EAD entra, então, em cena, visando, sobretudo, ampliar o mercado de prestação de serviços educacionais e fornecer inúmeros cursos de formação e qualificação profissional.

Na verdade, percebemos ser necessário, sempre, uma ampla discussão sobre os rumos da EAD nos diversos setores da sociedade. Embora o conhecimento técnico e pedagógico sobre a EAD venha evoluindo e amadurecendo, haverá sempre a necessidade de discussão no sentido de se manter uma visão crítica da EAD – objetivando um movimento de crescimento e ao mesmo tempo de mudança contínua – para acompanhar o movimento sociotécnico mundial.

Capítulo II
Aspectos pedagógicos da Educação a Distância

Educação, tecnologias intelectuais e interação/interatividade

Assim como a energia elétrica reconfigurou a vida das cidades, a ponto de pensarmos ser inconcebível viver sem ela, o computador e a internet reconfiguram, hoje, a sociedade como um todo. Espaço e tempo possuem outra dimensão. A revolução informacional – pautada nas tecnologias da inteligência – amplifica a inteligência humana, como já apontou Lévy (1993).

Silveira (2001, p. 29), ao escrever sobre o processo educativo e as potencialidades da internet na era tecnológica, afirma:

> [...] a aprendizagem é um processo permanente e personalizado; a aprendizagem em rede é cooperativa; ao interagir, obtendo e gerando hipertextos, se está praticando e desenvolvendo uma inteligência coletiva; é fundamental reconhecer, enaltecer e disseminar pela rede os saberes desenvolvidos pela comunidade; cada cidadã e cidadão deve buscar desenvolver na rede múltiplas competências [...].

A sala de aula tradicional é o lócus da homogeneização: alunos enfileirados, assistindo à mesma aula, realizando a mesma prova num mesmo tempo e espaço. A escola, como afirma Lévy (1993, p. 8), "é uma instituição que há cinco mil anos se baseia no falar/ditar do mestre". A EAD, em especial por meio da web, vem romper com esse paradigma. Ferramentas para compartilhamento de arquivos e trabalhos na nuvem, além das redes sociais, configuram novos espaços para a produção e a troca de conhecimentos. Nesse sentido, o espaço virtual abre possibilidades de comunicação bastante distintas da mídia clássica, pois como afirma Lévy (1999, p. 75)

> Um mundo virtual, no sentido amplo, é um universo de possíveis, calculáveis a partir de um modelo digital. Ao interagir com o mundo virtual, os usuários o exploram e o atualizam simultaneamente. Quando as interações podem enriquecer ou modificar o modelo, o mundo virtual torna-se um vetor de inteligência e criação coletivas.

Lévy (1999) distingue, ainda, três grandes categorias de dispositivos comunicacionais: um-todos, um-um e todos-todos. O princípio um-todos possui um centro emissor que envia suas mensagens para um grande número de receptores passivos e dispersos, como é o caso da imprensa, do rádio e da televisão. A relação um-um caracteriza-se pelas relações recíprocas entre interlocutores, mas apenas para contatos de indivíduo a indivíduo ou ponto a ponto, como, por exemplo, o telefone. O ciberespaço torna disponível um dispositivo comunicacional original, já que no modelo todos-todos não há distinção entre emissores e receptores, pois todas as partes em contato podem ocupar, concomitantemente, as duas posições, estabelecendo um novo tipo de interação.

É nesse ponto que a EAD via web se sobressai: a rede integra e condensa nela todos os recursos de todas as formas de comunicação. A linguagem da web – a hipermídia – permite a incorporação de hipertextos, gráficos, sons, imagens e animações. Tudo isso torna a comunicação extremamente dinâmica.

Parafraseando Lévy (1993, p. 41), sobre a questão da dinamicidade e interatividade na rede, Galli (2004) aponta o hipertexto como um divisor de águas entre o estático (papel) e as possibilidades do virtual, conforme o fragmento abaixo:

> O hipertexto permite todas as dobras inimagináveis, ou seja, há um movimento constante de dobramento e desdobramento de um texto e/ou das informações. É aqui que se instalam as diferenças entre a interface da escrita (papel) e a interface virtual (GALLI, 2004, p. 124).

Além disso, diversos autores (LÉVY (1999), SILVEIRA (2001), ALVES; NOVA (2003), PRETI (2000), RAMAL (2002)), entre outros, apontam novos papéis para alunos e professores. Ou seja, a rede permitiria uma revisão das concepções tradicionais desses atores – alunos e professores. Aquele professor detentor do conhecimento, cujo papel é o de meramente transmitir os saberes acumulados pela humanidade cai por terra, dando espaço ao orientador da construção do conhecimento por parte do aluno. Obviamente, a rede pressupõe, também, um fim à passividade do aluno, viabilizando a construção de sua autoformação e de sua autonomia no processo de aprendizagem. A instituição escolar – como espaço sistematizador da aprendizagem – ganha nova dimensão: a virtualidade disponibiliza informação o tempo todo por meio das interações com as tecnologias da informação e comunicação, destacando-se, aí, o papel da web.

Pois, na atual sociedade da informação, "a internet é uma espécie de protótipo de novas formas de comportamento comunicativo", afirma Marcuschi (2005, p. 13). Hoje, é possível integrar, num único suporte, todos os tipos de mídia. E isso se faz com grande facilidade, rapidez e criatividade. Nesse sentido, Nova e Alves (2003, p. 117) afirmam:

Ao permitir a fusão, a mesclagem e a interconexão (não apenas como soma) de diversos tipos de mídias, as novas tecnologias acabam abrindo possibilidades para a criação de novas linguagens e novos signos comunicacionais. [...] Esse processo poderia [...] estruturar reflexões e posicionamentos críticos e levar a transformações ainda mais significativas no processo de construção e difusão do saber.

A Educação a Distância no Brasil e no mundo não é assunto novo. No entanto, em função do grande avanço tecnológico dos últimos tempos, mais precisamente a partir da década de 1990, especialmente após a disseminação da internet, da política mundial de inclusão digital e da educação continuada, resultou em incentivos do governo federal, fazendo com que ela voltasse ao cenário nacional e internacional.

O comportamento comunicativo potencializado pela web e assinalado anteriormente traz consigo a ideia da interação e da interatividade, termos esses associados às últimas gerações de EAD.

A palavra interatividade, por sua vez, tem sido usada de forma indiscriminada, seja em textos, publicidade ou no dia a dia das pessoas. Esse termo geralmente é usado para ressaltar alguma qualidade ou característica positiva de um produto ou serviço. Para Lévy (1999, p. 79), o termo ressalta, em geral, "a participação ativa do beneficiário de uma transação de informação". Para esse autor, um receptor de informação nunca é passivo, a menos que esteja morto.

O quadro seguinte, elaborado por Lévy (1999, p. 89), mostra os diferentes tipos de interatividade cruzando dois eixos: dispositivos de comunicação e a relação com a mensagem.

Quadro II – Tipos de interatividade

Relação com a mensagem / Dispositivo de comunicação	Mensagem linear não alterável em tempo real	Interrupção e reorientação do fluxo informacional em tempo real	Implicação do participante na mensagem
Difusão unilateral	• Imprensa • Rádio • Televisão • Cinema	• Bancos de dados multimodais • Hiperdocumentos fixos • Simulações sem imersão nem possibilidade de modificar o modelo	• Videogames com um só participante • Simulações com imersão (simulador de voo) sem modificação possível do modelo
Diálogo, reciprocidade	• Correspondência postal entre duas pessoas	• Telefone • Videofone	• Diálogos através de mundos virtuais, cibersexo
Diálogo entre vários participantes	• Rede de correspondência • Sistema das publicações em uma comunidade de pesquisa • Correio eletrônico • Conferências eletrônicas	• Teleconferência ou videoconferência com vários participantes • Hiperdocumentos abertos acessíveis online, frutos da escrita/leitura de uma comunidade • Simulações (com possibilidade de atuar sobre o modelo) como de suportes de debates de uma comunidade.	• RPG multiusuário no ciberespaço • Videogame em "realidade virtual" com vários participantes • Comunicação em mundos virtuais, negociação contínua dos participantes sobre suas imagens e a imagem de sua situação comum.

Fonte: Lévy (1999, p. 83).

O Quadro II nos mostra que a evolução tecnológica alterou para sempre as formas de comunicação humana. Da mensagem linear não alterável em tempo real passamos, nessa era da informação, ao ciberespaço. Novas formas de comunicação mudam a relação espaço/tempo e, com isso, novas janelas se abrem para a produção/difusão do conhecimento. Como afirma Kenski (1997, p. 60), "É preciso que se esteja em permanente *estado de aprendizagem e de adaptação ao novo* (grifo da autora)", pois, a informação se desloca, seja no sentido de tempo real, seja no sentido de sua fugacidade. Assim, o aparato tecnológico disponível no tempo presente redimensiona as relações espaçotemporais.

Belloni (1999, p. 58) aponta como característica principal das TDIC a interatividade, "característica técnica que significa a possibilidade de o usuário interagir com uma máquina". Essa autora aponta uma possível diferenciação entre interação e interatividade. A interação é uma ação recíproca entre dois ou mais atores em que ocorre intersubjetividade, isto é, encontro de sujeitos, que pode ser direta ou indireta (mediatizada). Interatividade pode significar a potencialidade técnica oferecida por determinado meio (CD-ROMs de consulta, hipertextos em geral) ou a atividade humana do usuário de agir sobre a máquina e de receber, em troca, uma "retroação" da máquina sobre ele.

Alex Primo (1998), pesquisador dos conceitos de interação e interatividade mediada por meios tecnológicos, aponta-nos para o que ele chama de interação mútua e interação reativa. Esse autor faz uma varredura do conceito de interatividade aplicado a ambientes mediados por computador. Passa por Lemos, Steur, Lippman, Outing, Sims, autores estes que fazem suas análises enxergando a interação a partir da capacidade da máquina.

Primo (1998, 2007), no entanto, enfatiza que é preciso oferecer um maior aprofundamento na questão da interação humana. Para tal, ele parte de contribuições clássicas sobre o homem em interação: Berlo; Watzlawick; Beavin e Jackson; B. Aubrey Fisher e Piaget. A partir das contribuições desses estudiosos da comunicação humana e pela perspectiva interacionista de Jean Piaget, ele propõe um estudo que leva em consideração "o que acontece entre os interagentes". Ou seja, estuda a qualidade da relação que emerge da ação entre eles. Esse terceiro fator (desconsiderado por muitos paradigmas) – a relação em si – vai sendo definida durante o processo pelos participantes da interação. Nesse sentido, a interação é entendida como "ação entre". Desloca-se do clássico "emissor-receptor" para o que ocorre entre os interagentes, isto é, a interação, as ações entre eles, as mediações. Obviamente, valoriza-se, também, o contexto e como ele influencia a interação.

A partir então da pragmática da comunicação e do interacionismo piagetiano, Primo (1998) sugere dois tipos de interação: mútua e reativa. A primeira se apresenta como plena, e a segunda como fraca e limitada. Esses tipos interativos são discutidos por ele em virtude das seguintes dimensões:

a) Sistema: definido como "um conjunto de objetos ou entidades que se inter-relacionam formando um todo";

b) Processo: acontecimentos que apresentam mudanças no tempo;

c) Operação: a produção de um trabalho ou a relação entre a ação e a transformação;

d) Fluxo: curso ou sequência da relação;

e) *Throughput*: o que se passa entre a decodificação e a codificação, inputs e outputs (jargão técnico);

f) Relação: o encontro, a conexão, as trocas entre elementos ou subsistemas;

g) Interface: superfície de contato, agenciamentos de articulação, interpretação e tradução.

A interação mútua caracteriza-se como um sistema aberto, enquanto a interação reativa caracteriza-se como um sistema fechado. A interação mútua forma um todo global, cujos elementos são interdependentes, provocando uma modificação total no sistema caso um elemento seja afetado. O contexto tem papel importante devido às constantes trocas. Os sistemas interativos mútuos estão voltados para a evolução e o desenvolvimento. Pelo fato de engajar agentes inteligentes, presencia-se o princípio da equifinalidade, ou seja, os mesmos resultados de uma interação podem ser alcançados de múltiplas formas, mesmo que independentemente da situação inicial do sistema.

Os sistemas reativos fechados têm características opostas às destacadas no parágrafo anterior: o reagente tem pouca ou nenhuma condição de alterar o agente, não percebe o contexto (não reage a ele), não evolui, não se presencia a equifinalidade. Em relação ao processo, a interação mútua se dá através da negociação. Cada agente é uma multiplicidade em evolução. Já os sistemas interativos reativos resumem-se ao par estímulo-resposta. Supõe-se, nesses sistemas (reativos), que um mesmo estímulo acarretará a mesma resposta cada vez que se repetir a interação.

Quanto à operação, a interação mútua se dá através de ações interdependentes, ou seja, cada agente ativo e criativo influencia e é influenciado pelo comportamento do outro. Já os sistemas reativos fecham-se na ação e reação.

Em relação ao fluxo (ou movimento das informações), os sistemas de característica mútua têm um fluxo dinâmico e em desenvolvimento. Já o fluxo reativo apresenta-se de forma linear e pré-determinada, em eventos isolados. É linear, pois a mensagem é emitida pelo interagente pró-ativo e recebida pelo interagente reativo (que pode apenas reagir por *feedback*). Isto é, existe uma sequência definida de acontecimentos sucessivos.

O *throughput* busca estabelecer o que se passa entre uma ação e outra, ou entre uma ação e uma reação. Na interação mútua, cada mensagem recebida de outro interagente ou do ambiente é decodificada e interpretada, podendo, então, gerar uma nova codificação. Cada interpretação se dá pelo confronto da mensagem recebida com a complexidade cognitiva do interagente. Já na interação reativa o *throughput* é mero reflexo ou automatismo. Os processos de decodificação e codificação se ligam por programação.

Quanto à relação, a interação mútua é um processo, valendo-se da construção negociada, calcando-se no relativismo. Já na interação reativa ela é causal, pressupondo a sucessão temporal de dois processos, em que um é causado pelo outro, baseando-se no objetivismo.

Finalmente, quanto à interface, os sistemas interativos mútuos interfaceiam-se virtualmente, enquanto os sistemas reativos apresentam uma interface potencial, ou seja, caracterizam-se como um conjunto de possibilidades que aguardam sua realização.

Resumidamente, podemos dizer que há uma diferenciação qualitativa em relação aos diferentes tipos de interação. A interação mútua caracteriza-se por relações interdependentes e processos de negociação, nos quais cada interagente participa da construção inventiva da interação, afetando-se mutuamente. Já a interação reativa é linear, limitada por relações determinísticas de estímulo e resposta, com forte roteirização.

Nesse sentido, Primo (2003), em entrevista concedida à Universia Brasil[3] sobre o estudo da interatividade, destacou que a partir dos seus estudos "é possível dizer que os cursos a distância que funcionam apenas de forma expositiva – o que ele chama de "apostilas digitais" – ficam apenas na interação reativa e não permitem a criatividade", constituindo o que Paulo Freire denomina de educação bancária, reprodutora. Primo (2003) tenta chamar a atenção de que, para um processo construtivista, como defendido por Freire, é importante que o ambiente tenha ferramentas tecnológicas que facilitem a interação mútua e convidem os alunos para fazerem trabalhos em grupo, participarem do processo de aprendizagem de forma ativa, entendendo que a interação valoriza a inventividade, a autonomia e a crítica e não a reprodução.

Segundo Moore e Kearsley (2007, p. 152), "o ensino a distância depende de uma compreensão profunda da natureza da interação e de como facilitá-la por meio de comunicações transmitidas com base em tecnologia". Esses autores identificaram três tipos distintos de interação: interação do aluno com o conteúdo, interação com o instrutor e interação com outros alunos. A interação aluno-conteúdo precisa ser facilitada pelo professor, representando uma característica definidora da educação. Segundo os autores, "cada aluno precisa elaborar seu próprio conhecimento por meio de um processo de inserção pessoal das informações em estruturas cognitivas previamente existentes". Na interação aluno-professor – dimensão essencial – os instrutores auxiliam os alunos a interagir com o conteúdo, estimulando-os e ajudando-os a aplicarem o que estão aprendendo. Por meio da interação online "é possível iniciar um diálogo com cada pessoa" (p. 153). Já a interação aluno-aluno – dimensão relativamente nova

---

3. http://www.universia.com.br/materia/materia.jsp?materia=2392

na EAD – trata-se da relação entre os alunos, entre seus iguais. Esta interação pode propiciar a formação de grupos virtuais de trabalho, por meio dos ambientes virtuais de aprendizagem.

Diferentes graus de interação podem ser obtidos, variando de reduzida para elevada (ROBLYER & WIENCKE, apud MOORE; KEARSLEY, 2007, p. 156-158) ou de reativa para mútua (PRIMO, 2007), e dificultar tal processo implica comprometer a qualidade do curso ofertado. Como esse comprometimento pode ocorrer? Grande número de estudantes por docente (ou tutor), por exemplo, certamente compromete a qualidade de um curso.

Podemos destacar que a internet unifica as funções de texto, vídeo, foto, áudio etc., criando o que tem sido chamado de linguagem hipermidiática, configurando uma convergência das mídias, contrapondo-se aos meios de comunicação tradicionais e estabelecendo uma relação de imediatismo entre emissor e receptor. Esta linguagem ilimitada da internet modifica também as noções de tempo e espaço. A sua presença, cada vez mais intensa no nosso cotidiano, tem provocado mudanças de comportamento em todas as esferas de atuação do ser humano.

Produção de saberes em rede

Vivemos numa sociedade que convive (e não poderia ser diferente) com a oralidade, a escrita e a informática. Uma tecnologia não suprime a outra: ao contrário, pode potencializá-la.

Assim, para Lévy (1993), a questão do conhecimento e do aprendizado está associada ao cenário de valores e tecnologias de uma sociedade. O Quadro III – Os três polos do espírito – estabelece com maior clareza a relação do conhecimento com o cenário tecnológico dos grupos sociais, enfatizando que essas situações ocorrem simultaneamente nos dias de hoje, estando presentes com intensidades variáveis em diferentes contextos.

Quadro III – Os três polos do espírito

	Polo da oralidade primária	Polo da escrita	Polo informático--mediático
Figuras do tempo	Círculos	Linhas	Segmentos, pontos
Dinâmica cronológica	• Horizonte do eterno retorno. • Devir sem referencial nem vestígio.	• História, na perspectiva de uma realização. • Vestígios, acumulação.	• Velocidade pura sem horizonte. • Pluralidade de devires imediatos (a dinâmica fundamental do polo informático--mediático permanece parcialmente indeterminado).
Referencial temporal da ação e de seus efeitos	• Inscrição em uma continuidade imemorial. • Imediatez.	• Retardo, ato de diferir. • Inscrição no tempo, com todos os riscos que isto implica.	• Tempo real. • A imediatez estendeu seu campo de ação e de retroação à medida da rede informático--mediática.
Pragmática da comunicação	Os parceiros da comunicação encontram-se mergulhados nas mesmas circunstâncias e compartilham hipertextos próximos.	A distância entre os hipertextos do autor e do leitor pode ser muito grande. Disto resulta uma pressão em direção à universalidade e à objetividade por parte do emissor, assim como a necessidade de uma atividade interpretativa explícita por parte do receptor.	Conectados à rede informático--mediática, os atores da comunicação dividem cada vez mais um mesmo hipertexto. A pressão em direção à objetividade e à universalidade diminui, as mensagens são cada vez menos produzidas de forma a durarem.

Distância do indivíduo em relação à memória social	A memória encontra-se encarnada em pessoas vivas e em grupos atuantes.	A memória está semi-objetivada no escrito: • possibilidade de uma crítica ligada a uma separação parcial do indivíduo e do saber; • exigência de verdade ligada à identificação parcial do indivíduo e do saber.	A memória social (em permanente transformação) encontra-se quase que totalmente objetivada em dispositivos técnicos: declínio da verdade e da crítica.
Formas canônicas do saber	• Narrativa. Rito.	• Teoria (explicação, fundação, exposição sistemática). • Interpretação.	• Modelização operacional ou de previsão. • Simulação.
Critérios dominantes	• Permanência ou conservação. • Significação (com toda a dimensão emocional deste termo).	Verdade, de acordo com as modalidades da: • crítica, • objetividade, • universalidade.	• Eficácia. • Pertinência local. • Mudanças, novidade.

Fonte: Lévy (1993, p. 127).

Este quadro nos permite fazer algumas reflexões. A linguagem surgiu e se manteve ao longo da evolução humana porque se constitui em um meio de comunicação eficaz, principalmente no que concerne a conceitos abstratos. "A linguagem ajuda a estruturar o mundo em conceitos e a reduzir a complexidade das estruturas abstratas [...]", afirmam-nos Damásio e Damásio

(2007, p. 8). Nas sociedades orais – oralidade primária, segundo Lévy (1993) – o conhecimento pertence ao indivíduo. O suporte do conhecimento é o ser humano. Portanto, a proximidade física dos interlocutores era necessária e a linguagem definia e delimitava o espaço de vivência de um grupo social. Hoje, como afirma Kenski (1997, p. 62),

> a 'nova' sociedade oral, em que prevalecem as imagens e sons dos diversos *media*, sobretudo da televisão, é também através do apelo à afetividade, à repetição, a memorização de músicas, *jingles*, gestos e enredos, envolvendo personagens ficcionais, que se pretende que as ideias, informações, valores, comportamentos, mensagens e apelos (principalmente comerciais) sejam apreendidos.

Com a invenção da escrita e, posteriormente, com a imprensa, o saber passou a ser estocado. Podemos relegar ao papel, suporte concreto, o saber antes armazenado na mente humana, "dá-se a autonomia do conhecimento" (KENSKI, 1997, p. 62). A escrita liberou a memória humana: não precisamos mais reter tudo se podemos escrever e guardar para consultar depois. Com o desenvolvimento dos sistemas de escrita – na Mesopotâmia, Egito, China – o homem passa a transcrever sua história, seja sobre a pedra, o barro ou o papiro, vendo nisso "um presente divino" (JEAN, 2002. p. 25). A escrita possibilitou armazenar o conhecimento. Com isso, novas formas de concebê-lo: ler pressupõe interpretar. Como nos diz Fiorentini (2003, p. 39), a imprensa "favoreceu a dissociação ou descontextualização progressiva da experiência direta com as coisas, já que permitiu propagar o discurso dos autores independentemente da contiguidade espacial, da presença física junto a seus leitores". Escrever e reescrever possibilitaram ao ser humano reorganizar o seu pensamento. Há quem afirme "que a linearidade e a objetividade do pensamento são frutos da cultura escrita" (DINIZ, 2006, p. 2). Esta linearidade do alfabeto greco-romano e direcionamento da escrita, da esquerda para a direita, têm influenciado a maneira de pensar e de compreender o mundo na sociedade ocidental, sendo preocupação e objeto de pesquisa de vários estudiosos (KENSKI, 1997).

Assim como a escrita inaugurou uma nova era, com a informática novas formas de pensar podem estar nascendo. Podemos, então, analisar as ferramentas que permitem a representação, o armazenamento e a construção dos saberes. Com o uso das tecnologias podemos romper barreiras geográficas e temporais. Rompe-se também com "a narrativa contínua e sequencial das imagens e textos escritos" (KENSKI, 1997, p. 64). Entretanto, isso não basta. É necessário conhecer todas as potencialidades geradas pela integração das tecnologias disponíveis no tempo presente. Juntas, elas poderão possibilitar um enriquecimento tanto da modalidade a distância quanto presencial de construir conhecimento.

Compreendemos que uma única abordagem em relação ao modo adequado de transmitir/construir conhecimento não se aplica em todas as situações, pois num mesmo espaço geográfico podemos encontrar todas as tecnologias presentes, mesmo que em diferentes graus de desenvolvimento.

As tecnologias alteraram para sempre a forma de produzir/ interagir com o conhecimento. Novas concepções/teorias da aprendizagem serão necessárias nesse espaço virtual que está possibilitando a construção de uma nova cultura?

Concepções de aprendizagem

Ao se falar em sala de aula na contemporaneidade é preciso considerá-la tanto no contexto da educação presencial, quanto na EAD. Não é o espaço físico que a caracteriza, mas a dinâmica da prática pedagógica que é desencadeada, materializando diferentes concepções de aprendizagem que convivem no espaço escolar, obviamente, nem sempre de forma harmoniosa.

Segundo Freitas (1998, p. 6), "ensinar e aprender são as duas tarefas constitutivas do fazer da sala de aula". Esta pesquisadora organizou um quadro comparativo das diversas possibilidades de se trabalhar o conhecimento na sala de aula, no sentido de situar as teorias e as práticas pedagógicas que delas decorrem. Esse quadro, apresentado a seguir, está organizado em quatro concepções: objetivista, subjetivista, cognitivista e sócio-histórica.

Neste texto, abordamos as concepções clássicas de aprendizagem citadas acima e, também, a via da complexidade – que postula a necessidade de um pensamento complexo, em um ir e vir entre certezas e incertezas.

Quadro IV – Concepções que orientam o ensinar e o aprender em sala de aula

Objetivista	Subjetivista	Cognitivista	Sócio-histórica
Sujeito → Objeto	Sujeito ← Objeto	Sujeito ↔ Objeto	Sujeito Objeto ↘ ↗ Outro
Conhecimento contido no mundo dos objetos externos. Conhecimento: experiência do mundo do objeto. Pré-existe ao sujeito.	Conhecimento pertence ao sujeito antes de se relacionar com o mundo externo. Conhecimento: anterior à experiência, inato.	3ª via – Conhecimento não está nos objetos, nem nos processos internos, mas na ação dos sujeitos sobre os objetos.	Ruptura – Conhecimento = relação dialética sujeito x meio historicamente construído.

Ênfase: objeto externo, meio ambiente.	Ênfase: processos internos, consciência.	Ênfase: ação do sujeito.	Ênfase: relações interpessoais.
Sujeito: receptor passivo, moldado de fora para dentro.	Sujeito: ativo. Atividade de conhecimento exclusiva do sujeito.	Sujeito = ativo, individual e cognitivo.	Sujeito interativo, ser social construtor da individualidade interações entre indivíduos mediados pela cultura.
Psicologia: Behaviorismo	Psicologia: Gestalt, humanista.	Psicologia: Piagetiana	Psicologia: Sócio-histórica
Educação: escola tradicional escola tecnicista	Educação: Escola nova	Educação: construtivismo	Educação: progressista
Aluno: "tábula rasa"	Aluno: potencialidades	Aluno: construtor de conhecimentos	Aluno: construção partilhada de conhecimento
Pedagogia: centrada no professor	Pedagogia: centrada no aluno	Pedagogia: centrada no aluno	Pedagogia: centrada na atividade dos indivíduos em interação
Relações: hierárquica	Relações: igualdade	Relações: igualdade	Relações: intersubjetivas
Conhecimento = transmissão / reprodução	Conhecimento = atualizar potencialidades	Conhecimento = construção individual	Conhecimento = construção social
Ensinar	Aprender	Aprender	Ensinar/Aprender

Fonte: Freitas (1998, p. 7).

a) A concepção objetivista/empirista

Esta concepção parte do princípio de que o conhecimento preexiste ao sujeito, ou seja, está contido no mundo dos objetos externos. Como destaca Freitas (1998), esta corrente fundamenta-se filosoficamente em Locke (1632-1704) e Hume (1711-1776), da corrente empirista, segundo a qual o conhecimento realiza-se na experiência do mundo do objeto, derivando direta ou indiretamente da experiência sensível. Para Locke, todo conhecimento humano tem sua origem na sensação: "nada há em nossa mente que antes não tenha passado pelos nossos sentidos" (FREITAS, 1998, p. 8). Para os empiristas, a fonte de conhecimento está na experiência e na sensação, é algo que existe no meio físico e social. A ênfase recai, portanto, no ambiente, no objeto que é o determinante do ato de conhecer e não no sujeito que conhece (FREITAS, 1998). A escola incorporou esses princípios através da corrente psicológica chamada *behaviorismo* – que se propõe a fazer um estudo científico do homem, mas, na verdade, compreende o comportamento apenas como uma resposta aos estímulos externos, sem nenhuma referência aos processos internos, à consciência.

A escola tecnicista, fundada no *behaviorismo*, considera os fenômenos educativos passíveis de observação, descrição, experimentação e controle, considerando que a pessoa pode ser compreendida a partir de seus comportamentos externos. Nesse sentido, enfatiza-se, sobretudo, o ambiente, reduzindo a educação à manipulação de estímulos ambientais que levam a respostas adequadas. O *behaviorismo* restringe seu estudo ao comportamento (*behavior*, em inglês), tomado como um conjunto de reações dos organismos aos estímulos externos. Seu princípio é que só é possível teorizar e agir sobre o que é cientificamente observável. Com isso, ficam descartados conceitos e categorias centrais para outras correntes teóricas, como consciência, vontade, inteligência, emoção e memória – os estados mentais ou subjetivos. Nesse sentido, a aprendizagem é centrada no professor, cujo papel é transmitir o conhecimento e saberes ao aluno, considerado como uma "tábula rasa". Aprender, nessa abordagem mecanicista, fica reduzido a memorizar, reproduzir, copiar, em vez de criar. Ou seja, é uma abordagem mecanicista e simplificadora. A aprendizagem, segundo a concepção empirista, "é mudança de comportamento resultante do treino ou da experiência" (GIUSTA, 2003, p. 46). Trata-se de mero condicionamento, com respostas a estímulos que podem ser previstos, medidos e controlados. Podemos citar Pavlov (1849-1936) e Skinner (1904-1990) como pesquisadores que se debruçaram sobre a área do condicionamento, ou seja, sobre o controle do comportamento.

Nesse sentido, as práticas pedagógicas baseadas na corrente objetivista pautam-se na reprodução, na obtenção de objetivos pré-determinados, descontextualização, fragmentação, pré-requisitos. É o que Paulo Freire (1921-1997) denominou concepção bancária de educação, cuja aposta é na "crença da passividade do sujeito do conhecimento e da aprendizagem" (GIUSTA, 2003, p. 49).

b) A concepção subjetivista

Esta abordagem concebe o conhecimento como pertencente ao sujeito antes que este se relacione com o mundo externo. Baseia-se na corrente filosófica do idealismo, que interpreta a realidade do mundo exterior ou material em termos do mundo interior, subjetivo ou espiritual, reduzindo o "objeto do conhecimento ao sujeito conhecedor" (JAPIASSU & MARCONDES, apud FREITAS, 1998, p. 9). Para Becker (apud FREITAS, 1998, p. 9), "Esta perspectiva opõe-se à empirista ao relativizar a experiência, absolutizando o sujeito na medida em que toda atividade de conhecimento é exclusiva do sujeito e o meio dela não participa". Ou seja, todo conhecimento é fruto do exercício de estruturas racionais, pré-formadas no sujeito.

A escola incorporou esses princípios através da psicologia humanista e da *Gestalt*. De acordo com a *Gestalt*, os sujeitos reagem não a estímulos específicos, mas a configurações perceptuais. Giusta (2003, p. 50) ressalta que "o conceito de totalidade com o qual a *Gestalt* trabalha é irredutível à soma, ou ao produto das partes. Assim, o todo é apreendido de forma súbita, imediata, por reestruturação do campo perceptual (*insight*)".

Carl Rogers (1902-1987), representante da psicologia centrada na pessoa, a humanista, parte da concepção de homem como ser autônomo e livre não determinado pelo ambiente social. Nesse sentido, cabe à escola promover situações favoráveis ao desenvolvimento pleno do educando, baseado em suas tendências e predisposições naturais. A escola nova abraça essa tendência, colocando o aluno como centro do processo educativo, sendo o professor um mero facilitador (FREITAS, 1998). Freitas (1998, p. 9) afirma que "O subjetivismo considerando o conhecimento como inato, não determinado pelo ambiente, compreende a educação como resultado do desenvolvimento das predisposições naturais do indivíduo".

Seguindo os princípios da Teoria da *Gestalt*, as práticas pedagógicas pautadas nessa corrente não apelam para a atividade do sujeito. O saber é transmitido, respeitando-se os princípios da boa forma (relação figura-fundo, fechamento, similaridade, proximidade, direção etc.) para que o *insight* seja favorecido.

c) A concepção cognitivista

A concepção cognitivista como afirma Freitas (1998), defende que o conhecimento não provém da experiência única dos objetos, nem da programação inata pré-formada no sujeito, mas das ações do sujeito sobre o objeto, frente a desafios cognitivos e situações problemáticas. Como representante dessa concepção temos Piaget (1896-1980), que analisa a questão das relações entre o sujeito que atua e pensa, e os objetos de sua experiência. A epistemologia genética piagetiana concebe o processo construtivo do conhecimento a partir das trocas recíprocas entre os sujeitos e os objetos.

> Nesse sentido, a escola torna-se um espaço de exploração, de descoberta, onde o aluno tem um papel ativo e central na produção do saber e construção do conhecimento, ou seja, o aluno é considerado o sujeito de sua própria aprendizagem. No entanto, a aprendizagem está vinculada à maturação biopsicológica do aprendiz, minimizando-se, portanto, a ação da educação, da escola e do professor. Dentro dessa linha, o processo de aprendizagem pode ocorrer espontaneamente, independente da ação ou interferência de um outro sujeito (FREITAS, 1998, p. 10).

Piaget trabalha com o conceito de estruturas que são, "ao mesmo tempo, estruturadas e estruturantes e representam as possibilidades do sujeito, enquanto ser cognoscente, num dado momento de suas relações com o mundo e, como tal, comportam uma formação progressiva" (GIUSTA, 2003, p. 54). Assim, a ideia-chave da epistemologia genética nos diz que:

> O conhecimento não se origina da experiência única dos objetos, como defende o empirismo, nem de uma pré-formação, conforme o postulado inatista, mas de construções sucessivas com elaborações constantes de estruturas novas (PIAGET, apud GIUSTA, 2003, p. 54).

Assim, as práticas pedagógicas baseadas nessa abordagem devem levar em consideração a necessidade de provocar conflitos no sentido de conduzir ao processo de equilibração majorante, conceito piagetiano que diz respeito ao aumento do conhecimento. Ou seja, é necessário conduzir o processo de ensino-aprendizagem no sentido de conceber novos conhecimentos a partir dos conhecimentos internalizados pelo indivíduo.

d) A concepção sócio-histórica

Freitas (1998) afirma que as concepções descritas anteriormente (objetivista, subjetivista e cognitivista) apresentam-se fragmentadas e a-históricas, considerando o sujeito de forma abstrata e descontextualizada. Nenhuma delas leva em consideração as circunstâncias sociais que envolvem o ser humano. Esta busca compreender o homem real e concreto e encontrou nos pressupostos filosóficos da dialética marxista o seu respaldo.

Na perspectiva sócio-histórica, o conhecimento é construído numa relação dialética entre sujeito e objeto, isto é, entre o sujeito e o meio histórico. Nesse sentido, as características de cada indivíduo vão sendo formadas a partir das inúmeras e constantes interações do indivíduo com o meio, compreendido como contexto físico e social, que inclui as dimensões interpessoal e cultural. Nesse processo dinâmico, ativo e singular, o indivíduo estabelece, desde o seu nascimento e durante toda a sua vida, trocas recíprocas com o meio, pois, ao mesmo tempo em que internaliza as formas culturais, as transforma e intervém no universo que o cerca. As concepções de Vygotsky (1896-1934) sobre o processo de formação de conceitos remetem às relações entre pensamento e linguagem, à questão cultural no processo de construção de significados pelos indivíduos, ao processo de internalização e ao papel da escola na transmissão de conhecimento, que é de natureza diferente daqueles aprendidos na vida cotidiana (FREITAS, 1998; PEREIRA, 2007).

A abordagem vygotskyana sobre o funcionamento do cérebro humano afirma que o cérebro é a base biológica, e suas peculiaridades definem limites e possibilidades para o desenvolvimento humano. Essas concepções fundamentam sua ideia de que as funções psicológicas superiores (por ex. linguagem, memória) são construídas ao longo da história social do homem, em sua relação com o mundo. Desse modo, as funções psicológicas superiores referem-se a processos voluntários, ações conscientes, mecanismos intencionais e dependem de processos de aprendizagem.

A mediação é uma ideia central para a compreensão das concepções sobre o desenvolvimento humano como processo sócio-histórico: enquanto sujeito do conhecimento, o homem não tem acesso direto aos objetos, mas acesso mediado, através de recortes do real, operados pelos sistemas simbólicos de que dispõe. A construção do conhecimento se dá através da interação mediada por várias relações, ou seja, o conhecimento não está sendo visto como uma ação do sujeito sobre a realidade, assim como no construtivismo e, sim, pela mediação feita por outros sujeitos. O outro social pode apresentar-se por meio de objetos, da organização do ambiente, do mundo cultural que rodeia o indivíduo.

A linguagem, sistema simbólico dos grupos humanos, representa um salto qualitativo na evolução da espécie. É ela que fornece os conceitos, as formas de organização do real, a mediação entre o sujeito e o objeto do conhecimento. Freitas (1998, p. 11), apoiada na teoria vygotskiana, afirma que "a construção individual é o resultado das interações entre indivíduos mediados pela cultura". Nesse sentido, o sujeito do conhecimento não é apenas ativo, mas interativo. As tendências progressistas em educação (Paulo Freire, Saviani etc.) concretizam essa proposta através de um movimento transformador e crítico, considerando o homem como um sujeito histórico. Nesse sentido, o conhecimento é visto como algo compartilhado e não como construção individual. As práticas pedagógicas com base nessa abordagem enfatizam o ensinar/aprender num processo em que alunos e professores participam igualmente. Como afirma Freitas (1998, p. 11), "O professor é aquele que, detendo mais experiência, funciona intervindo e mediando a relação do aluno com o conhecimento".

A via da complexidade

Toda e qualquer situação só tem sentido quando relacionada a um contexto. Assim, as palavras, frases, nomes, por exemplo, só têm sentido quando associados ao contexto geográfico, histórico, econômico, social ao qual o nosso saber e a nossa cultura nos remetam para chegarmos a um conhecimento aprofundado da mesma. Nesse sentido, o problema do conhecimento torna-se um desafio, visto que "só podemos conhecer as partes, como dizia Pascal, se conhecermos o todo em que se situam, e só podemos conhecer o todo se conhecermos as partes que o compõem" (MORIN, 2000, p. 19). Este autor nos propõe que deveríamos ser guiados por um "princípio de pensamento que nos permitisse ligar as coisas que nos parecem separadas, umas em relação às outras" (p. 20). No sistema educacional, particularmente, privilegia-se a separação – disciplinas – em vez da ligação. A cultura científica e técnica – a escola – caracteriza-se pelo princípio da separação e compartimentalização dos saberes. Isto, de certa forma, dificulta a contextualização desses saberes. Para Morin (2000, p. 31), "A inteligência parcelar, compartimentada, mecânica, disjuntiva, reducionista, quebra o complexo do mundo, produz fragmentos, fraciona os problemas, separa o que é ligado, unidimensionaliza o multidimensional".

O âmago da complexidade é complementar o pensamento que separa com outro que une. "O pensamento complexo, portanto, busca distinguir (mas não separar) e ligar" (MORIN, 2000, p. 31). Ou seja, unir (contextualizar e globalizar) e aceitar o desafio da incerteza. Morin (2000, p. 32) estabelece alguns princípios – complementares e interdependentes – como guias para pensar a complexidade. São eles:

1) Princípio sistêmico ou organizacional: liga o conhecimento das partes ao conhecimento do todo, em que "o todo é menos do que a soma das partes [...]" (MORIN, 2000, p. 32).

2) Princípio "hologramático": a parte está no todo, mas o todo se inscreve na parte.

3) Princípio do anel retroativo (*feedback*): rompe com o princípio da causalidade linear. A causa age sobre o efeito e este sobre a causa.

4) Princípio do anel recursivo: é um anel gerador, no qual os produtos e os efeitos são produtores e causadores do que os produz.

5) Princípio de auto-eco-organização (autonomia/dependência): nossa dependência ecológica é não só natural, mas também social e cultural.

6) Princípio dialógico: permite assumir racionalmente a associação de noções contraditórias para conceber

um mesmo fenômeno complexo. Ao mesmo tempo em que somos indivíduos fazemos parte de uma sociedade.

7) Princípio da reintrodução daquele que conhece em todo conhecimento: da percepção à teoria científica, todo conhecimento é uma reconstrução/tradução por um espírito/cérebro numa certa cultura e num determinado tempo.

Resumidamente, "o pensamento complexo não é o contrário do pensamento simplificador, mas integra ele" (MORIN, 2000, p. 35). Consiste "num ir e vir constantes entre certezas e incertezas, entre o elementar e o global, entre o separável e o inseparável", continua Morin. O pensamento complexo trata a incerteza, mas concebe a organização. Está apto a unir, contextualizar, globalizar, mas ao mesmo tempo a reconhecer o singular, o individual e o concreto. O pensamento complexo postula "a compreensão entre os homens" (MORIN, 2000, p. 37).

Assim, as práticas pedagógicas, segundo essa abordagem, devem contribuir para o reconhecimento do pensar sistêmico, complexo e ético. A busca por um currículo transversalmente construído deve perpassar todo o trabalho acadêmico em que o espírito ético e o dinamismo humanizador possam caracterizar a ação educativa.

O currículo em rede

Qual(is) teoria(s) da aprendizagem se adequa(m) ao uso integrado das tecnologias de comunicação no cenário da EAD? Rodrigues (2000) acredita que essas teorias ainda estão em construção, mas ressalta que não podemos descartar os modelos construídos e validados no cenário presencial, visto que os contextos e as premissas em que elas foram formuladas ainda estão vigentes, além da possibilidade da aplicação de conceitos gerais ou fragmentos nos novos cenários.

Outro ponto que chama a atenção da escola (ou deveria chamar) é a questão do currículo. O uso de novas tecnologias possibilita a abolição das tradicionais grades curriculares, cuja organização dos saberes é fragmentada, com currículos lineares, pressupondo etapas a serem vencidas, "pré-requisitos que funcionam como degraus" (RAMAL, 2002, p. 184). Ou, como afirma Silva (2005, p. 115): "O currículo existente é a própria encarnação das características modernas. Ele é linear, sequencial, estático. Sua epistemologia é realista e objetivista. Ele é disciplinar e segmentado".

Nesse sentido, Ramal (2002, p. 185-186), apoiada em Lévy (1993, 1999) e em Bakhtin (1988), aponta para a construção do currículo em rede, com as seguintes características:

a) Metamorfose – Esse currículo se transforma conforme as necessidades, o momento, o contexto e os interesses dos alunos e os objetivos dos educadores. Nesse sentido, "aprender se aproxima do reconstruir com feições novas".

b) Mobilidade dos centros – Nesse currículo há pontos e conteúdos de uma imensa malha heterogênea que podem ser ativados ou não conforme a pertinência e o percurso da pesquisa, de modo interdisciplinar, e com várias formas de conexão, às quais se pode ter acesso de forma imediata. Nesse currículo não há, portanto, um único centro, nem conteúdos mais importantes, mas nós da rede curricular igualmente funcionais e multiconectados que sempre dão lugar a novas paisagens. Nesse caso, "aprender se aproxima de pesquisar".

c) Interconexão – A organização desse currículo é fractal, ou seja, qualquer parte da rede, mesmo separada, contém uma nova rede e se integra a um todo complexo. Nesse sentido, "aprender se parece com navegar".

d) Exterioridade – Esse currículo funciona através de um diálogo permanente com o exterior. Nesse caso, "aprender é deslocar-se na rede e para além da rede".

e) Hipertextualidade – Esse currículo é constituído por grande variedade de textos – verbais e não verbais. Há a integração das diversas mídias, articuladas com os conteúdos na produção, na negociação e na interpretação dos sentidos. Nesse sentido, "aprender é construir hiperlinks".

f) Polifonia[4] – Nesse currículo há lugar para o interculturalismo, para o diálogo interdisciplinar, das diversas vozes, vindas dos diferentes lugares sociais. Nesse sentido, "aprender é dialogar".

Na concepção de Ramal (2002), a rede é a metáfora e a inspiração para um novo paradigma curricular. "A rede que captura e que ampara, que distribui e abastece, canaliza e entrelaça, transmite e comunica, interliga e acolhe" (p. 186).

O currículo existente está baseado numa separação rígida entre "alta" cultura e "baixa" cultura, entre conhecimento científico e conhecimento cotidiano, nos alerta Silva (2005, p. 115). Nesse sentido, Lévy (1999, p. 158) discorre sobre duas grandes reformas necessárias aos sistemas de educação e formação: em primeiro lugar, a aclimatação dos dispositivos e do espírito da EAD (ensino aberto e a distância) ao cotidiano e ao dia a dia da

---

4. Em linguística, polifonia é, para Mikhail Bakhtin, a presença de outros textos dentro de um texto, causado pela inserção do autor num contexto que já inclui previamente textos anteriores que lhe inspiram ou influenciam pt.wikipedia.org/wiki/Polifonia.

educação e, em segundo lugar, uma reforma no que diz respeito ao reconhecimento das experiências adquiridas. Em relação à primeira reforma, o essencial na EAD não é a exploração de técnicas de ensino a distância, incluindo hipermídias, redes de comunicação interativa, enfim, todo o aparato tecnológico disponível na atualidade, mas a possibilidade de um novo estilo pedagógico, que favoreça ao mesmo tempo as aprendizagens personalizadas e a aprendizagem coletiva em rede. O professor pode tornar-se, então, um animador da "inteligência coletiva"[5] de seus grupos de alunos em vez de um mero transmissor de conhecimentos/conteúdos. Quanto à segunda reforma – reconhecimento das experiências adquiridas – oportuniza aos sistemas educativos a missão de orientar os percursos individuais no saber e de contribuir para o reconhecimento dos conjuntos de saberes pertencentes às pessoas, aí incluídos os saberes não acadêmicos.

A cibercultura[6] simboliza as relações sem fronteiras, em que o importante é o compartilhamento dos múltiplos saberes, nos diz Lévy. Ele afirma:

> A cibercultura é a expressão da aspiração de construção de um laço social, que não seria fundado nem sobre links territoriais, nem sobre relações institucionais, nem sobre as relações de poder, mas sobre a reunião em torno de centros de interesses comuns, sobre o jogo, sobre o compartilhamento do saber, sobre a aprendizagem cooperativa, sobre processos abertos de colaboração. O apetite para as comunidades virtuais encontra um ideal de relação humana desterritorializada, transversal,

---

5. "É uma inteligência distribuída por toda parte, incessantemente valorizada, coordenada em tempo real, que resulta em uma mobilização efetiva das competências" (LÉVY, 1999, p. 28).
6. A cibercultura estuda as relações sociais e a formação de comunidades em ambientes de rede, que estão sendo ampliadas frente à popularização da internet e de outras tecnologias que possibilitam a interação entre pessoas. Ela se interessa pela dinâmica política e filosófica dos assuntos vividos por seres humanos em rede bem como na emergência de novas formas de comportamento e expressão pt.wikipedia.org/wiki/Cibercultura

livre. As comunidades virtuais são os motores, os atores, a vida diversa e surpreendente do universal por contato (1999, p. 130).

Discorrendo sobre pós-modernidade[7] Silva (2005) nos diz haver uma incompatibilidade entre o currículo existente e o pós-moderno. Para ele, os novos meios de comunicação e informação corporificam muitos dos elementos que são descritos como pós-modernos: fragmentação, hibridismo, mistura de gêneros, pastiche, colagem, ironia, fazendo emergir, inclusive, uma identidade que se poderia chamar de pós-moderna: descentrada, múltipla, fragmentada. Segundo esse autor:

> [...] A saturação da base de conhecimentos e de informações disponíveis parece ter contribuído para solapar os sólidos critérios nos quais se baseava a autoridade e a legitimidade da epistemologia oficial. A ciência e a tecnologia já não encontram em si próprias a justificação de que antes gozavam. O cenário é claramente de incerteza, dúvida e indeterminação. A cena contemporânea é – em termos políticos, sociais, culturais, epistemológicos – nitidamente descentrada, ou seja, pós-moderna (SILVA, 2005, p. 114).

Assim, podemos dizer que vivemos uma era também de incertezas, de quebra de paradigmas. Novos espaços estão abertos, novas formas de conceber e fazer educação. E o professor nesse novo espaço: qual seu papel diante da sala de aula virtual? Como ser presente virtualmente?

Mudanças no papel do professor

Pode-se caracterizar a sociedade atual pelo imenso volume de informação existente, pelo fácil acesso a essas informações

---

7. Frederic Jameson (1934-?) considera os anos 60 como o início da pós-modernidade, entendida por ele como lógica cultural do capitalismo tardio. Mas apenas a partir da década de 1970 o debate em torno do tema torna-se mais inflamado (CHEVITARESE, 2001, p. 1).

(pelo menos por aqueles que possuem e dominam os recursos tecnológicos e telemáticos) e, também, pela constante e rápida mudança da informação. Frente a essa realidade, faz-se necessário refletir sobre o papel do professor. O grande uso da rede (internet) na educação proporciona um novo contexto de atuação para os professores – o ambiente online.

Numan (apud TAVARES, 2000, p. 1) ressalta que:

[...] embora a instrução mediada pela rede facilite a aprendizagem independente e colaborativa e esteja em harmonia com a visão construtivista do conhecimento e embora ela ofereça um grande potencial para aqueles que aderem a abordagens de aprendizagem construtivistas, centradas no aluno e colaborativas, não há nada inerente ao meio virtual que conduza a isso. A rede pode, também, ser utilizada para dar suporte a cursos e programas tradicionais, centrados no professor e baseados na transmissão de conhecimentos.

Ou seja, pode-se repetir a educação tradicional, apenas através de algo novo – a rede com seus cursos a distância. Nesse caso, quebram-se barreiras geográficas, mas sem haver mudança de paradigma no que diz respeito à concepção de ensino e de aprendizagem.

A redefinição dos papéis dos professores pelo uso da tecnologia envolve questões como estilos de ensino, necessidade de controle pelo professor, concepções de aprendizagem e a percepção da sala de aula como um sistema ecológico mais amplo, no qual os papéis de professores e alunos estão começando a mudar. Ou seja, a transição do contexto educacional presencial para o virtual não é algo fácil (TAVARES, 2000).

Na visão de Sherry (apud TAVARES, 2000, p. 1), o professor passa a se ver como um orientador, fazendo mediações, apresentando modelos, explicando, redirecionando o foco, oferecendo opções. E, também, como um coaprendiz, que colabora com outros professores e profissionais. Ou seja, a maioria dos professores ou instrutores, que utiliza atividades de ensino mediadas pelo computador, prefere assumir o papel de moderador ou facilitador das interações em vez do papel do especialista que transmite conhecimento ao aluno. Cabe ao professor decidir seu grau de envolvimento e intervenção nas diversas atividades e contextos de comunicação em rede, optando, por exemplo, por se excluir de discussões e dando mais liberdade para os alunos ou, por outro lado, mantendo uma forte presença na conversação para corrigir, informar, opinar, convidar os alunos para participarem.

Lévy (1999) também é enfático ao afirmar que o papel daquele que ensina – "ensinante" – não pode mais ser de difundir conhecimento. Outros meios fazem isso de forma mais eficaz. Sobre a função do professor no contexto das tecnologias ele afirma (1999, p. 171):

> Sua competência deve deslocar-se no sentido de incentivar a aprendizagem e o pensamento. O professor torna-se um animador da inteligência coletiva dos grupos que estão a seu encargo. Sua atividade será centrada no acompanhamento e na gestão das aprendizagens: o incitamento à troca dos saberes, a mediação relacional e simbólica, a pilotagem personalizada dos percursos de aprendizagem etc.

No entanto, existe uma certa indefinição quanto ao papel e funções do professor a distância. Na complexa tarefa de educar a distância surgem outras tarefas distintas daquelas existentes no meio presencial: o "autor", que seleciona conteúdos; o "tecnólogo educacional" (*instructional designer*), que organiza o material pedagógico; o "artista gráfico", que trabalha sobre a arte visual e final do texto/material; o "programador" etc. Nesse sentido, a característica principal do ensino a distância é a de

"transformação do professor de uma entidade individual em uma entidade coletiva" (BELLONI, 2002, p. 81). Em se tratando de EAD – aprendizagem aberta e autônoma – o enfoque do processo educativo passa do professor para o aprendente, do ensino para a aprendizagem, pressupondo que o professor se torne parceiro dos estudantes na construção do conhecimento. Nesse contexto, sem o objetivo de ser conclusiva, Kenski (apud HACK, 2007, p. 3) afirma que o papel do professor será:
- validar, mais do que anunciar, a informação;
- orientar e promover a discussão sobre as informações;
- proporcionar momentos de triagem das informações, para a reflexão crítica, o debate e a identificação da qualidade do que é oferecido pelas múltiplas mídias;
- auxiliar na compreensão, utilização, aplicação e avaliação crítica das inovações;
- possibilitar a análise de situações complexas e inesperadas;
- permitir a utilização de outros tipos de "racionalidade": a imaginação criadora, a sensibilidade táctil, visual e auditiva, entre outras.

Aretio (apud HACK, 2007, p. 3) também pontua algumas características requeridas ao docente que irá atuar com a EAD:
- dominar determinadas técnicas e habilidades para tratar de forma específica os conteúdos (escrita, áudio, vídeo, informática), integrados dentro das técnicas do desenho curricular;
- assessorar o aluno na organização de seu currículo (objetivos, conteúdos, recursos e atividades);
- facilitar a possibilidade de que o aluno autoavalie seu processo de autoaprendizagem;

- dominar técnicas de tutoria, presenciais e a distância;
- facilitar ao estudante diferentes técnicas de recuperação e correção para o sucesso das aprendizagens;
- oferecer as possibilidades do meio ambiente social e das instruções sociais como objeto de aprendizagem;
- elaborar diferentes técnicas e procedimentos de avaliação;
- ser capaz de organizar outras vias de aprendizagem (leituras, atividades, viagens, entrevistas, consultas...);
- ensinar o aluno a adquirir técnicas para o desenho instrucional (como método de aprendizagem e de organizar sua aprendizagem através de uma estrutura);
- saber utilizar os meios de comunicação social como instrumentos para alcançar fins específicos, aproveitando todas as possibilidades.

Também, sem a pretensão de ser conclusiva, Belloni (2002, p. 83) elaborou uma lista de funções do professor em EAD, que não mais é um único indivíduo.

- Professor-formador: orienta o estudo e a aprendizagem, dá apoio psicossocial ao estudante, ensina a pesquisar, a processar a informação e a aprender.
- Conceptor e realizador de cursos e materiais: prepara os planos de estudo, currículos e programas; seleciona conteúdos, elabora textos de base para unidades de cursos (disciplinas);
- Professor-pesquisador: pesquisa e se atualiza em sua disciplina específica, em teorias e metodologias de ensino/aprendizagem, reflete sobre sua prática pedagógica e orienta e participa da pesquisa de seus alunos.
- Professor-tutor: orienta o aluno em seus estudos relativos à disciplina pela qual é responsável, esclarece

dúvidas e explica questões relativas aos conteúdos da disciplina.

• "Tecnólogo educacional": é responsável pela organização pedagógica dos conteúdos e por sua adequação aos suportes técnicos a serem utilizados na produção dos materiais de curso, e sua tarefa mais difícil é assegurar a integração das equipes pedagógicas e técnicas.

• Professor "recurso": assegura uma espécie de "balcão" de respostas a dúvidas pontuais dos estudantes com relação aos conteúdos de uma disciplina ou a questões relativas à organização dos estudos ou às avaliações.

• Monitor: muito importante em certos tipos específicos de EAD, especialmente em ações de educação popular com atividades presenciais de exploração de materiais em grupos de estudo. O monitor coordena e orienta esta exploração. Sua função se relaciona menos com o conhecimento dos conteúdos e mais com sua capacidade de liderança.

Obviamente, as características destacadas anteriormente podem fazer parte da prática do professor tanto no ensino presencial quanto na modalidade a distância. Percebemos, no entanto, que o professor continua sendo imprescindível. Não mais como detentor e mero transmissor do conhecimento, mas como parceiro do estudante. O cenário altamente tecnológico no tempo presente aponta para leituras hipertextuais que exigem mudança na concepção de ensinar e aprender.

Em relação à nomenclatura utilizada para designar o professor[8] que trabalha com EAD, Fichmann (2007) trouxe algumas reflexões interessantes em palestra proferida no 13º Congresso

---

8. Também chamado de tutor, instrutor etc.

Internacional de Educação a Distância, realizado em Curitiba, em setembro de 2007. Para ela, "Tutor é aquele que é encarregado de tutelar, proteger e defender alguém". O professor na EAD, às vezes, assume esse papel. No entanto, ela considera o termo Formador Mediador mais adequado, entendendo que formador "é aquele que educa, que aperfeiçoa" e mediador "é aquele que medeia ou intervém". Nesse sentido, o Professor Formador Mediador vem "facilitar, articular, orientar, instigar o processo reflexivo e crítico", num "processo coformativo nas comunidades virtuais de aprendizagem e prática".

É importante destacar que a adoção de nomenclaturas diferentes pode refletir a maior ou menor importância que o projeto pedagógico de um curso dá ao papel do professor. Seja na educação presencial seja na EAD, a figura do professor continua sendo de suma importância.

O aprendiz na EAD: a construção da autonomia

Baseada na teoria piagetiana, Carneiro (2002, p. 29) define autonomia como: "capacidade de autogovernar-se, pela interiorização consciente e reelaboração das regras de conduta." Nessa concepção, a autonomia representa o mais alto estágio da evolução moral. Essa fase autônoma só se desenvolve a partir dos 12 anos, no estágio denominado por Piaget de operatório-formal. Antes disso, a criança passa pela anomia (até 2 ou 3 anos – período sensório-motor), pela heteronomia (dos 3 aos 7 anos – período pré-operatório) e pela semiautonomia (dos 6, 7 anos aos 11, 12 anos – período operatório-concreto).

Apoiada também na teoria piagetiana, Calaes (apud CARNEIRO, 2002, p. 29) afirma que capacidade de autogovernar-se, autoconceito, responsabilidade, segurança/firmeza, iniciativa, independência, reciprocidade, cooperação, consciência social e consciência crítica conduzem ao "indivíduo moralmente autônomo e íntegro, socialmente responsável, engajado e atuante, emocionalmente equilibrado".

Para Preti (2000, p. 131), na relação pedagógica, autonomia significa:

> [...] de um lado, reconhecer no outro sua capacidade de ser, de participar, de ter o que oferecer, de decidir, de não desqualificá-lo, pois, a educação é um ato de liberdade e de compartilhamento. [...] Por outro lado, significa a capacidade que o sujeito tem de "tomar para si" sua própria formação, seus objetivos e fins [...] ser autor da própria fala e do próprio agir.

Assim, o aprendiz da EAD, na maioria das vezes, apresenta as seguintes características: é autodiretivo (o que facilita sua adaptação ao estudo independente, sua autoformação); possuidor de uma rica experiência (que pode e deve ser aproveitada como base para a construção de novos conhecimentos); e busca na aprendizagem uma orientação mais prática, voltada para suas necessidades mais imediatas (p. 128).

Este autor destaca algumas dimensões que a autonomia assume enquanto uma ação educativa no processo de ensino--aprendizagem, das quais falaremos a seguir.

a) Dimensão ontológica:

A autonomia é uma conquista: se completa e se realiza à medida que o homem cresce e amadurece, em interação com os outros.

b) Dimensão política:

A autonomia pressupõe um compromisso ético-profissional, sem o qual não há envolvimento, ação, intervenção, mudança.

c) Dimensão afetiva:

É necessário que o aprendiz ganhe confiança em si mesmo, em sua capacidade de aprender de maneira autônoma, sem depender passivamente da figura do professor. Nesse sentido, o processo ensino-aprendizagem deve ser prazeroso, partindo do princípio de que o homem educa o outro e a si mesmo, num processo construtivo, interativo e, ao mesmo tempo, lúdico, cujo sujeito-aprendiz, com suas emoções e sentidos, não é excluído nem banido, mas interage com o outro e com o objeto de sua aprendizagem, com o meio no qual está inserido, modificando-o e sendo modificado.

d) Dimensão metodológica:

Preti (2003, p. 137) propõe uma dinâmica de leitura do texto escrito em três momentos: aproximação, reflexão-diálogo e reelaboração. Na primeira fase de aproximação ao texto, o leitor deve ter clareza de seu objetivo, ativar todos os seus sentidos, colocando-se na posição de escuta do outro (o autor), deixando que o pensamento dele se explicite, penetre. É o momento da apropriação do texto, do diálogo com o autor. Num segundo momento, o leitor fará a leitura do texto em seu contexto, estabelecendo relações com seus conhecimentos anteriores, com situações vividas. É o momento do diálogo com o mundo, com sua realidade, seu entorno. Finalmente o leitor estará aberto para escrever seu próprio texto, para tornar-se autor e sujeito do seu novo conhecimento e para tomar decisões que venham transformar sua prática.

e) Dimensão técnico-instrumental:

No entanto, como caminhar para o processo de aprendizagem autônoma? O aprendiz deve exercitar-se na apropriação do texto, na relação texto-contexto e sua aplicabilidade, tornando completa a ação educativa de ser leitor-autor e de poder conduzir autonomamente a reflexão sobre os conteúdos propostos para sua formação e sobre sua prática.

f) Dimensão operacional:

A autonomia, para ser construída, exigirá do sujeito ações organizacionais, ou seja, uma certa racionalidade para que os objetivos propostos e os resultados esperados sejam alcançados e obtidos, com os recursos e o tempo disponíveis. Nesse sentido, é preciso que o aprendiz faça autoavaliações continuamente.

A EAD, por suas características intrínsecas, poderá contribuir para a formação inicial e continuada de estudantes autônomos, já que a autoaprendizagem é um dos fatores básicos de sua realização, nos diz Belloni (2002). Sobre aprendizagem autônoma ela afirma:

> [...] um processo de ensino e aprendizagem centrado no aprendente, cujas experiências são aproveitadas como recurso, e no qual o professor deve assumir-se como recurso do aprendente, considerado como um ser autônomo, gestor de seu processo de aprendizagem, capaz de autodirigir e autorregular este processo. Este modelo de aprendizagem é apropriado a adultos com maturidade e motivação necessárias à autoaprendizagem e possuindo um mínimo de habilidades de estudo (p. 39).

Autonomia é aprendizado. Assim, espera-se que o aprendiz da EAD possa construir seu conhecimento e, também, desenvolver sua autonomia.

A avaliação na EAD

A avaliação, como uma prática educativa, deve ser compreendida sempre como uma atividade política, cuja principal função é a de propiciar subsídios para tomadas de decisões quanto ao direcionamento das ações em determinado contexto educacional.

Através do processo de avaliação, os educadores e educandos devem ter condições para uma compreensão crítica da realidade escolar em que estão inseridos, com vistas à tomada de decisões educacionais (NEDER, 2006).

De acordo com a legislação que regulamenta os cursos na modalidade de EAD no Brasil, a avaliação da aprendizagem deve incluir a realização de exames presenciais. Porém, a lei não impede o uso de outras formas de avaliação. No entanto, a realização de avaliações a distância torna-se um processo mais complexo visto que não conta com o *feedback* das interações face a face" (OTSUKA et al., 2002, p. 102) que podem fornecer indícios da compreensão e interesse dos alunos. No caso da EAD, através do computador é possível realizar testes online e/ou acompanhar as participações dos alunos em um ambiente virtual de aprendizagem. Otsuka et al. (2002) destacam como restrições advindas dos recursos computacionais justamente a falta deles e de habilidades técnicas em utilizá-los, além do fato da comunicação ser predominantemente textual. Esses mesmos autores destacam, no entanto, diversas vantagens do uso dos recursos informáticos como meio para a avaliação como: a distribuição rápida, fácil e barata, a possibilidade de interação e de registro das mesmas, assim como a possibilidade de análise desses registros.

Hopper (apud OTSUKA, 2002, p. 102) aponta três abordagens envolvendo o uso do computador na educação – que podem ser apropriadas pela EAD – bem como as respectivas concepções de avaliação adotadas nestas abordagens. São elas:

• Exploração e interação por meio de experiências previamente construídas: sistemas de tutores inteligentes, por exemplo, permitem a criação de micromundos inteligentes, permitindo a interação dos alunos com simulações pré-construídas. Esses sistemas geralmente utilizam técnicas de inteligência artificial (IA), a fim de construírem modelos supostamente de acordo com o perfil do usuário. Nesse caso, o foco da avaliação baseia-se na captura e análise automática das ações dos usuários e podem enfatizar estilos de aprendizagem, estratégia metacognitiva e motivação.

• Aprendizagem com foco na construção do conhecimento pelo aprendiz: associa-se esta abordagem ao construcionismo de Papert[9], cujo objetivo é fazer com que os aprendizes construam seu próprio conhecimento, como é o caso da linguagem de programação *Logo* para a construção de modelos matemáticos.

• Aprendizagem colaborativa: nesse caso o foco está na avaliação da participação dos estudantes em interações através das ferramentas de comunicação disponíveis na web, como fórum, listas de discussão, e-mail, chat etc. Entram em cena os ambientes virtuais de aprendizagem, cada dia mais sofisticados no sentido de monitorar essas participações, gerar gráficos e outros mecanismos para análise posterior pelos professores e pelos próprios alunos.

Segundo Neder (2006, p. 73), "o processo de avaliação da aprendizagem em EAD, embora possa se sustentar em princípios análogos aos da educação presencial, exige tratamento e considerações especiais". Pois a EAD deve proporcionar aos

---

9. Seymour Papert (1928-2016), matemático, Ph.D, foi diretor do grupo de Epistemologia e Aprendizado do Massachusetts Institute of Technology (MIT) e um dos fundadores do MIT Media Lab.

alunos o desenvolvimento da autonomia crítica frente a situações concretas e não uma mera reprodução de ideias ou pontos de vista disseminados pelo material didático ou pelos professores. Além disso, é necessário desenvolver a autoconfiança no aluno, uma vez que não há a presença física do professor.

A busca por mudanças na avaliação, passando de um modelo baseado em provas objetivas e testes para uma avaliação formativa, tem sido alvo de formadores tanto em cursos presenciais quanto a distância. Na modalidade a distância, esta forma de avaliação tem relevância ainda maior, possibilitando o acompanhamento do comportamento do aprendiz mesmo sem o *feedback* das interações face a face. Portanto, um dos maiores desafios, tanto na educação presencial como na EAD, é estabelecer metodologias de avaliação que envolvam todo o processo de ensino-aprendizagem de forma sistemática, contínua e abrangente (VICTORINO & HAGUENAUER, 2006).

Nesse contexto é necessário rever as práticas pedagógicas e, consequentemente, as concepções e práticas de avaliação. Segundo Gipps (apud OTSUKA, 2002, p. 3):

> Está em curso uma mudança de paradigma na área de avaliação, passando de um modelo de testes e exames que valoriza a medição das quantidades aprendidas de conhecimentos transmitidos, para um modelo em que os aprendizes terão oportunidade de demonstrar o conhecimento que construíram, como construíram, o que entendem e o que podem fazer, isto é, um modelo que valoriza as aprendizagens quantitativas e qualitativas no decorrer do próprio processo de aprendizagem.

A avaliação nesse novo paradigma deixa de ser apenas um instrumento de verificação da aprendizagem para atuar diretamente no processo de ensino-aprendizagem, de forma contínua, ao longo de todo o processo. Para Cerny (apud OTSUKA, 2002,

p. 5), o grande avanço que se coloca hoje para a avaliação é "constituir-se como parte do processo de ensino-aprendizagem, permeando e auxiliando todo este processo, não mais como uma atividade em momentos estanques e pontuais".

Percebemos, portanto, uma busca pela avaliação formativa, que, de acordo com Perrenoud, pode ser entendida como:

> [...] toda prática de avaliação contínua que pretenda melhorar as aprendizagens em curso, contribuindo para o acompanhamento e orientação dos alunos durante todo seu processo de formação. É formativa toda a avaliação que ajuda o aluno a aprender e a se desenvolver, que participa da regulação das aprendizagens e do desenvolvimento no sentido de um projeto educativo (1999, p. 18).

Resumidamente, a avaliação em EAD pode ser realizada de três formas principais (AULANET, 2001):
- Presencial: a avaliação é feita por meio de uma prova, na presença do formador ou de outra pessoa responsável, para garantir a legitimidade da mesma;
- Virtual com aplicação de testes online: a avaliação é feita por meio de mecanismos de testes online a serem respondidos e enviados posteriormente para o formador por meio de e-mail ou de formulários de envio;
- Avaliação ao longo do curso (contínua): a avaliação é feita de modo contínuo, baseada em componentes que forneçam subsídios para o formador avaliar seus aprendizes de modo processual, tais como as atividades realizadas, os comentários postados, as participações em grupos de discussão e em chats, as mensagens postadas no correio etc.

Fica evidente que a educação, seja presencial ou a distância, deve propiciar sempre a construção social de significados e a produção individual/coletiva de conhecimento. Para tal, é necessário levar em conta o que deve ser avaliado e como. Na educação online, em especial, a questão da interação e da colaboração não podem ser desconsideradas.

Para Moore e Kearsley (2007), o sucesso de toda a iniciativa em EAD depende de um sistema eficaz de monitoramento e avaliação, pois estes procedimentos é que darão pistas sobre as dificuldades dos alunos. Para estes autores são três as características de um bom sistema de ensino a distância: especificação preliminar de objetivos de aprendizagem, elaboração e gerenciamento dos trabalhos apresentados pelos alunos – as tarefas – e, finalmente, boa qualidade na coleta de dados e sistema de relatórios. Ressaltam, no entanto, que o monitoramento e a avaliação desempenham uma função crítica no sucesso de todo projeto de EAD de boa qualidade.

De acordo com Rocha (2014, p. 6) a avaliação nos cursos a distância deve ser revestida "de cuidados que são próprios de suas particularidades"; por isso o processo avaliativo na EAD difere-se do ensino tradicional. A educação a distância resulta da polidocência, com diversos atores contribuindo para a organização e produção do seu conteúdo em diversas mídias, além das atividades pedagógicas e atividades mediadas por meio das tecnologias.

Ainda, de acordo com Rocha (2014), "[...] avaliar na educação a distância torna-se mais complexa a reflexão transformadora, diante da riqueza de variáveis que interferem nos processos de planejamento, execução e gestão de resultados decorrentes" (p. 7). Para esse autor, é importante buscar

> [...] ampliar as potencialidades de apuração da aprendizagem pelos modos formativo, contínuo e somativo, mas sem perder

de vista as diferentes formas e espaços de aprendizagem, a pedagogia da conexão e a flexibilidade de escolha de novos métodos, tempos, espaços e parceiros da aprendizagem. Além de considerar relevante o perfil do estudante que tem escolhido esse sistema como uma opção educacional (ROCHA, 2014, p. 8).

Na perspectiva de Rocha (2014), constitui-se como pré-requisitos para avaliar na EAD as competências:

- do ensino e aprendizagem: incentivar a aprendizagem colaborativo-cooperativa, incentivar a autonomia. Articular e fortalecer a aprendizagem pela busca;
- da didática das nuvens: apropriar-se de novas competências para o aprendizado em redes sociais, em comunidades virtuais de aprendizagem, no M-Learning2, MOOCS, Recursos Educacionais Abertos (REAs) etc.;
- dos Indicadores de desempenho: desenvolver competências para planejar e acompanhar Indicadores de qualidade pela aprendizagem significativa, indicadores de cooperação e de apropriação do conhecimento. Indicadores de conformidade e resultados;
- de contexto ou natureza: avaliar sem perder de vista a diversidade de realidades socioculturais, socioeconômicas, sociopolíticas, éticas, ideológicas ou religiosas que se misturam nos espaços e nas salas de aula virtual, além das quatro paredes da escola tradicional;
- de estilos de aprendizagem: desenvolver competências para o olhar diferenciado na avaliação de aspectos cognitivos, físicos, emocionais mais andragógicos ou mais pedagógicos (contínuo pedagógico-andragógico); considerar os estilos de aprendizagem divergente, assimilador, convergente;

- de destreza tecnológico-midiática: investir no domínio das tecnologias educacionais previstas para curso ou atividade mediada tecnologicamente.

Para Rocha (2014) a avaliação na EAD já começa no processo seletivo. Além disso, a EAD possui particularidades "pedagógico-andragógicas", requerendo uma análise mais cuidadosa no que tange ao perfil dos candidatos, que geralmente são adultos ou geração Y.

A forma de avaliação adotada em um curso na modalidade de EAD perpassa pela concepção de aprendizagem subjacente ao mesmo, além das condições de aprendizagem em ambientes mediados tecnologicamente. Levar o aluno a construir seu próprio conhecimento é tarefa árdua. Avaliar esse processo de construção, no entanto, não se trata apenas de cumprir uma exigência legal, mas, sobretudo, de contribuir eticamente para o processo de ensino-aprendizagem. Para Rocha (2014) é importante considerar os tipos de aprendizagem, as conexões de currículo, os valores agregados e a escolha de vivências que enriquecem a avaliação dos estudantes nos cursos a distância.

A Teoria da Distância Transacional de Moore

A base teórica da educação a distância ainda é um processo em construção. Grandes impasses ainda fazem parte dessa modalidade de ensino: qual o papel do professor, como levar o aluno a construir seu processo de autonomia, como avaliar, apenas para citar algumas das questões que permeiam o complexo processo de educar a distância. Portanto, incluímos neste livro a Teoria da Distância Transacional, de Michael Moore (1993), buscando subsidiar reflexões e propostas de ensino-aprendizagem nessa modalidade de educação.

A transação denominada EAD ocorre entre alunos e professores num ambiente que possui como característica especial a separação entre alunos e professores. Obviamente, esta separação produz diferentes comportamentos de alunos e professores, afetando tanto o ensino quanto a aprendizagem. "Com a separação surge um espaço psicológico e comunicacional a ser transposto, um espaço de potenciais mal-entendidos entre as intervenções do instrutor e as do aluno. Este espaço psicológico e comunicacional é a distância transacional" (MOORE, 1993, p. 1). A ideia é que a distância geográfica entre alunos e professores "precisa ser suplantada por meio de procedimentos diferenciadores na elaboração da instrução e na facilitação da interação" (MOORE; KEARSLEY, 2007, p. 240).

Assim, Moore (1993) destaca um grupo de variáveis que são o diálogo, a estrutura e a autonomia do aluno para descrever o processo de construção de conhecimento dos alunos. Ou seja, estas variáveis não são tecnológicas ou comunicacionais, mas sim variáveis de ensino e aprendizagem, que ocorrem no processo de ensino e aprendizagem, concorrendo fortemente para o sucesso da EAD. Em seguida, discorremos sobre cada uma delas.

1) Diálogo educacional

Para Moore e Kearsley (2007), o diálogo proporciona a criação de uma comunidade de ideias partilhadas, e os alunos, apoiados pela figura do professor, assumem progressivamente a responsabilidade por seu próprio aprendizado. "O termo diálogo é empregado para descrever uma interação ou uma série de interações tendo qualidades positivas que outras interações podem não ter. Um diálogo tem uma finalidade, é construtivo e valorizado por cada participante" (p. 241), destacam esses autores.

Assim, é importante ressaltar que "diálogo" para Moore (1993) não se refere a qualquer tipo de interação, seja negativa, positiva ou neutra. O autor é bastante claro ao dizer que o termo diálogo é reservado para interações positivas que conduzam à aprendizagem.

A presença, extensão e natureza do diálogo entre professores e alunos durante um curso dependerão de vários fatores: o conteúdo do curso, o número de estudantes designado para cada professor, restrições estabelecidas pelas instituições, personalidades do professor e do aluno e, principalmente, o meio de comunicação utilizado na interação entre alunos e professores (televisão, rádio, fita de áudio, livro autoinstrucional, cursos por correspondência, conferência mediada pelo computador etc.). Manipulando-se os meios de comunicação, é possível ampliar o diálogo e reduzir a distância transacional. Outro fator que também afeta o diálogo é a linguagem. Compartilhar uma mesma língua facilita a relação dialógica (MOORE & KEARSLEY, 2007).

2) Estrutura

Mesmo quando o diálogo é bastante reduzido e a distância transacional aumenta, a aprendizagem pode ser facilitada por uma estrutura de curso específica para esse contexto, que oferece recursos apropriados para atender às necessidades dos aprendizes.

Assim, o segundo conjunto de variáveis que determinam a distância transacional são os elementos do projeto do curso, ou seja, a estruturação do curso para ser trabalhada pelos diversos meios de comunicação, elementos esses que Moore chama de Estrutura. Nesse sentido, a estrutura revela em que medida um programa educacional pode acomodar ou responder a cada necessidade individual do aluno, expressando, também, a rigidez ou a flexibilidade dos objetivos educacionais, das estratégias de ensino e dos métodos de avaliação. A estrutura controla a mediação das mensagens, criando estratégias de produção, cópias e transmissão das mesmas.

Em relação aos meios, podemos ter aqueles altamente estruturados (televisão, por exemplo), onde tudo é predeterminado. Nesse caso, não há diálogo ou quase nenhuma possibilidade para desvios. Em outros casos (teleconferência, por exemplo), os meios permitem mais diálogo e exigem menos estrutura. Quando um programa é altamente estruturado e o diálogo professor-aluno é inexistente, a distância transacional é grande. Por outro lado, programas que permitem muito diálogo e têm estrutura flexível, a distância transacional é pequena. Moore (1993) diz que existe uma relação entre diálogo, estrutura e autonomia do aluno, "pois quanto maior a estrutura e menor o diálogo em um programa, maior autonomia o aluno terá de exercer" (p. 4). A estrutura é determinada pela filosofia educacional adotada, pelos próprios professores, pelo nível acadêmico dos alunos, pela natureza do conteúdo e pelos meios de comunicação empregados. Nesse sentido, sua rigidez ou flexibilidade em termos de objetivos, estratégias de ensino e métodos de avaliação refletem até que ponto um curso é capaz de adaptar-se ou atender às necessidades individuais de cada aluno (MOORE & KEARSLEY, 2007).

Alguns processos devem ser estruturados em todo programa de EAD. São eles, de acordo com Moore (1993, p. 5):

a) Apresentação

Há, em muitos programas de EAD, a apresentação de informações, demonstrações de habilidades ou modelos de atividades e valores. E nesses casos o computador é preferível aos meios impressos devido à rapidez de atualização de informações e alta capacidade de armazenamento.

b) Apoio à motivação do aluno
É papel dos *designers* instrucionais e instrutores estimular e manter o interesse do aluno. A automotivação é obtida através de técnicas de incentivo, com filmes, gravações e texto, *feedback* dos tutores e diálogo professor-aluno-aluno.

c) Estímulo à análise e à crítica
Estas habilidades cognitivas de alto nível, com atitudes e valores associados, são trabalhosas de serem estruturadas a distância. Para tal, podem-se ouvir especialistas expondo suas diferenças em gravações, organizar discussões por teleconferência, salas de bate-papo etc.

d) Aconselhamento e assistência
O programa deve oferecer orientação sobre o uso do material didático, das técnicas para seu estudo e, ainda, outras referências. Alguns problemas podem ser previstos e solucionados através da estruturação do material didático. Outros, no entanto, necessitam de apoio individual e podem ser resolvidos por telefone, correio, *e-mail*, entrevistas presenciais etc.

e) Organização de prática, aplicação, testagem e avaliação
É preciso oportunizar ao aluno a aplicação do que está sendo aprendido. Para tal, trabalhos escritos são importantes, além da participação do tutor/instrutor.

f) Organização para a construção do conhecimento por parte do aluno:

É importante dar oportunidade ao aluno de dialogar, para que ele possa compartilhar com os professores e demais estudantes o processo de construção do conhecimento. Nesse sentido, o computador pessoal trouxe uma contribuição relevante para a EAD.

3) A autonomia do aluno

A autonomia do aluno "é a medida pela qual, na relação ensino/aprendizagem, é o aluno e não o professor quem determina os objetivos, as experiências de aprendizagem e as decisões de avaliação do programa de aprendizagem" (MOORE, 1993, p. 31). Ou seja, o aprendiz usa os materiais didáticos para atingir seus próprios objetivos, à sua maneira e sob seu próprio controle. Certamente isso não é uma tarefa fácil, levando muitos a acreditarem que o estudo autônomo é algo impossível. É necessário compreender, então, que "o conceito de *autonomia do aluno* significa que os alunos têm *capacidades diferentes* para tomar decisões a respeito de seu próprio aprendizado" (grifos dos autores) (MOORE & KEARSLEY, 2007, p. 245).

Finalizando, destacamos que, na acepção de Moore (1993), a distância transacional consiste em um conjunto de fatores (variáveis) que podem contribuir para a distância perceptiva/comunicacional entre o professor e o aluno. Nesse sentido, a amplitude da distância pode ser configurada pela presença ou ausência de um diálogo e pela presença ou ausência de uma estrutura rígida ou flexível. As tecnologias disponíveis na contemporaneidade permitem reduzir a distância transacional: os ambientes virtuais de aprendizagem e as ferramentas de comunicação web, tanto síncronas quanto assíncronas, podem levar a um alto nível de interação entre professores e alunos e, também, entre os próprios alunos. Nesse sentido, Peters (2001) critica a mera transmissão de conhecimento que leva o aluno a apenas apropriar-se, guardar na memória e reproduzir o saber quando desafiado. Para ele, o diálogo é fundamental, pois desenvolve a capacidade de um pensar crítico autônomo e, também, a capacidade de aplicar esse pensamento crítico, de experimentar a autonomia racional.

Games e gamificação

Como forma de potencializar a relação pedagógica, tanto na EAD quanto no ensino presencial, as estratégias dos *games* têm sido estudadas e implementadas na educação. Até porque a educação, de um modo amplo, está caminhando para o hibridismo, ou seja, momentos presenciais mesclados com momentos a distância de aprendizagem e, com a presença intensa da tecnologia, é possível integrar à EAD atividades pedagógicas que utilizam jogos e simulações, cujo objetivo não é apenas o lazer e/ou a competição, mas a aprendizagem de maneira mais lúdica e efetiva.

Os elementos mais comuns encontrados na mecânica dos *games* envolvem um sistema de pontuação, quadro de *ranking*, recompensa e premiação. No entanto, não se pode reduzir a isso, ou seja, a uma mera competição, para não correr o risco de implementar uma estratégia educacional meramente reativa, no sentido já discutido neste texto sob a ótica de Primo (2007).

Na perspectiva de Schlemmer (2016, p. 115) é importante levar em consideração uma abordagem com:

> [...] trilhas, desafios, enigmas e missões mais complexas e problematizadoras que envolvem a relação com diversas variáveis e uma postura dedutiva e exploratória na busca de

pistas, na realização de descobertas, no desenvolvimento de estratégias, na organização em clãs que agrupam jogadores com características diversas e gera um empoderamento em grupo, para construção colaborativa e cooperativa – o que do ponto de vista pedagógico nos leva à perspectiva epistemológica interacionista [...].

Podemos afirmar que estratégias educacionais baseadas em *games* não são fáceis de serem implementadas. No entanto, os *games* podem conduzir os estudantes a viverem experiências verdadeiramente desafiadoras, colocando-os no controle do processo de aprendizagem, na busca por melhores caminhos e soluções; e o que é mais importante: de forma divertida.

Capítulo III
Tecnologias e mídias na Educação a Distância

Cada sociedade está sujeita a utilizar as tecnologias presentes em seu tempo. Embora a sociedade atual vivencie um momento de revolução em termos tecnológicos, na década passada o meio impresso ainda se sobrepunha aos demais recursos disponíveis, como podemos constatar através dos dados divulgados pelo ABRAEAD (2006, p. 26): "A mídia mais utilizada para aulas de EAD é a impressa (84,7% das escolas a utilizam). Em seguida, vem o *e-learning* (61,2%) e o CD-ROM (42,9%)". Moore e Kearsley (2007) destacam algumas questões que necessitam ser respondidas quando o assunto se refere à adoção de tecnologia e mídia para um curso na modalidade da EAD. São elas: quais são as características das diferentes tecnologias de comunicação e da mídia e como podem ser usadas na Educação a Distância? Qual mídia e tecnologias de comunicação são as melhores para uma determinada disciplina ou um grupo de alunos? De que modo mídia e tecnologias podem ser combinadas para se obter eficácia máxima? A seguir descrevemos as principais tecnologias e mídias empregadas na EAD: o meio impresso, áudio e vídeo, rádio e televisão, teleconferência, conferência web e o computador com a interface www. O sucesso de um curso depende também do tipo de mídia e tecnologia utilizadas da maneira *como* elas são utilizadas pedagogicamente.

Mídia impressa

O texto impresso, por muitas décadas, foi o material mais empregado na EAD. Tanto alunos quanto professores estão familiarizados com o material impresso, não necessitando, portanto, de treinamento para sua utilização. Além disso, de acordo com Moore e Kearsley (2007, p. 78) "materiais impressos são portáteis e não se deterioram ou quebram com facilidade, o que os torna confiáveis e convenientes para utilização".

Em relação à qualidade dos materiais impressos, destacamos o fato de que há a necessidade de uma dedicação em termos de tempo e de equipe responsável em produzi-lo. Ou seja, materiais impressos de boa qualidade precisam ser produzidos pelos especialistas das disciplinas apoiados por uma equipe técnica. É importante destacar que o material impresso para EAD precisa ter como característica principal a questão do dialogismo, isto é, o texto deve dialogar com o aluno, uma vez que, geralmente, esse estudante encontra-se estudando sozinho. Características didáticas também devem ser observadas, como divisão do conteúdo em unidades, controle do volume de informações, atividades que permitam ao aluno refletir sobre o que está estudando. Pode-se tentar utilizar, ao longo do conteúdo, um estilo denominado por Tarouco (s/d) de conversacional, ou seja, de envolvimento do aluno pela linguagem e tratamento dado a ele. A inclusão de ilustrações, tabelas e outros recursos também tornam o texto mais saboroso e leve para o estudante.

Áudio e vídeo

A partir das décadas de 1970 e 1980, a disseminação dos aparelhos de áudio e vídeo (VCRs) fez com que essas tecnologias se tornassem convenientes para a EAD. Já a partir do final de 1990, os aparelhos de CD e de DVD começaram a substituir os cassetes, mostrando-se mais duráveis e com menor custo. Os CD-ROM também se tornaram acessíveis e passaram a ser utilizados na disseminação de programas de aprendizado baseados em computador. Hoje, já estão superados pelos vídeos publicados na internet e em sites específicos. Mesmo assim, a produção de materiais em áudio e vídeo ainda pode ser mais cara do que a produção de materiais impressos, pois exige técnicos específicos dessa área. No entanto, a disponibilização de software para edição de áudio e vídeo digitais para computador pessoal está, no momento atual, revertendo esse processo, pois possibilitam que quase todos possam produzir materiais audiovisuais a baixo custo.

Rádio e televisão

O rádio e a televisão, transmitidos de modo aberto ou limitado, têm a atração de serem imediatos.

O rádio é extremamente vantajoso devido à sua alta flexibilidade e baixo custo. A televisão, por sua vez, é mais onerosa. Hoje, no entanto, com o processo de digitalização, é possível disponibilizar vídeos nesse formato de forma rápida e eficiente a partir da web. Obviamente, rapidez e eficiência dependem da velocidade de conexão e das funções do computador pessoal.

Teleconferência

O uso da teleconferência na EAD permite a interação entre os envolvidos no processo: professores e alunos. Moore e Kearsley (2007) destacam quatro tipos diferentes de uso dessa tecnologia. Na audioconferência, os participantes são conectados por linha telefônica. A tecnologia audiográfica também é transmitida por linhas telefônicas, mas agrega imagens ao áudio. A videoconferência, por sua vez, permite a transmissão nos dois sentidos de imagens televisadas via satélite ou cabo – é possível ver e ser visto. Essa tecnologia, embora cara, traz grande satisfação aos alunos e professores que a utilizam na EAD

O computador e a interface web

O ciberespaço combina a reciprocidade na comunicação e o compartilhamento de um contexto possibilitado pela internet por meio da World Wide Web (grande teia da informação). A World Wide Web ou WWW ou simplesmente Web, como é mais conhecida, foi concebida para permitir a interconexão, através de vínculos hipertextuais, de todos os documentos digitalizados do planeta e torná-los acessíveis com alguns cliques, a partir de qualquer ponto do planeta. A primeira ideia de internet foi desenvolvida durante a Guerra Fria com o nome de ArphaNet, objetivando manter a comunicação das bases militares dos Estados Unidos. Quando a ameaça da Guerra Fria passou, a ArphaNet tornou-se tão inútil que os militares permitiram o acesso aos cientistas que, mais tarde, cederam a rede para as universidades, as quais, sucessivamente, passaram-na para as universidades de outros países, permitindo que pesquisadores domésticos a acessassem, até que, rapidamente, mais de 5 milhões de pessoas já estavam conectadas com a rede.

Com o surgimento da World Wide Web, esse meio foi enriquecido. O conteúdo da rede ficou mais atraente com a possibilidade de incorporar imagens e sons. Um novo sistema de localização de arquivos criou um ambiente em que cada informação tem um endereço único e pode ser encontrada por qualquer usuário da rede. E hoje é um dos meios de informação e comunicação mais utilizado no mundo. Destacaremos, nesse capítulo, o uso educacional da conferência web, dos portais educacionais, dos Ambientes Virtuais de Aprendizagem (AVA) e das ferramentas ou aplicativos de comunicação possibilitados pela interface web. O termo interface aqui deve ser entendido como um recurso que possibilita acesso a outro recurso.

Da Web 1.0 à Web 4.0

A web vem evoluindo desde a criação da internet. Até hoje já passou por quatro gerações que acompanham o desenvolvimento tecnológico mundial. A partir da Web 1.0, que apresentava conteúdos estáticos produzidos, na sua maioria, por empresas e instituições, oferecia ao usuário pouca possibilidade de interatividade. Nesta fase algumas empresas se destacavam mundialmente, são elas: Altavista, Geocities, Yahoo, Cadê, Hotmail.

O termo Web 2.0 ganhou destaque com a primeira conferência sobre Web 2.0, em 2004, e a partir de um artigo de Tim O'Reilly, publicado no ano seguinte. Neste artigo, O'Reilly apresenta possibilidades e competências centrais de empreendimentos baseados na Web 2.0. Trata-se, na verdade, de desenvolvimentos tecnológicos e sociais que levam a uma nova atitude diante da internet. A ênfase não está na tecnologia, mas na nova forma de utilização da rede. A Web 2.0 é caracterizada pela intensificação da participação e do efeito-rede. Resumidamente, podemos dizer que os usuários passam de meros consumidores a produtores. A Web 2.0 é uma plataforma que reúne dispositivos e serviços variados. Ou seja, é a internet ubíqua: pode ser acessada de diferentes dispositivos, praticamente em qualquer lugar. As características centrais da Web 2.0 são resumidas por Kerres nas seguintes comparações:

- Usuário x autor: enquanto na Web 1.0 o usuário era visto como recipiente de uma página, na Web 2.0 ele se torna também autor, incluindo opiniões e conteúdos. Em vez de apenas ler, o usuário modifica e recria conteúdos.
- Local x remoto: as fronteiras entre processamento/ armazenamento local e remoto de dados deixam de existir. Os dados que antes eram gravados no computador pessoal agora migram para servidores remotos e podem ser acessados por meio do navegador de internet a partir de qualquer lugar.
- Privado x público: o privado torna-se cada vez mais público. Arquivos, acontecimentos pessoais, agenda, lista de favoritos são compartilhados na rede e se tornam acessíveis a outras pessoas.

Assim, podemos dizer que mesmo que uma parcela de usuários ainda utilize apenas os serviços básicos da web como e-mail e busca de material estático, por exemplo, há uma geração que nasceu com a internet – os nativos digitais – e que está atenta às novas possibilidades da rede. Assim, os profissionais da EAD não podem desconsiderar o potencial da rede como um todo, e da Web 2.0, em particular. Em geral, a Web 2.0 possibilitou a presença dos aplicativos na internet, que usando novas técnicas ofereceram aos usuários páginas mais dinâmicas e permitindo ao internauta a possibilidade de criar seu próprio conteúdo, gerando maior possibilidade de interatividade do que a Web 1.0. Com ela surgiram os blogs.

A evolução não parou por aí. A Web 3.0 surgiu com o conceito de web semântica, ou seja, oferecendo ao usuário conteúdo mais personalizado, sites e aplicações inteligentes. A área de marketing online se desenvolveu muito com a Web 3.0, oferecendo publicidade baseada em pesquisas a partir da interação do usuário com a rede; é lógico que isso pode incomodar o usuário. Ficou também conhecida como a "web inteligente".

Estamos na fase da Web 4.0, que permite ao usuário mobilidade e ubiquidade, ou seja, a rede pode ser acessada de qualquer lugar e a qualquer momento. Esta geração da web é capaz de utilizar e interpretar informações e dados disponíveis de modo a possibilitar a tomada de decisões. O sistema oferece ao usuário a possibilidade de tomar decisões a partir dos dados disponíveis, utilizando um sistema complexo de inteligência artificial. Este sistema disponibiliza a comunicação sem fio (wireless), integração em tempo real de qualquer ponto do planeta e a qualquer hora. O sistema de posicionamento global (GPS), por exemplo, não oferece apenas rotas estáticas, mas rotas mais econômicas ou rápidas e dinâmicas, que se alteram com o fluxo do trânsito.

Este potencial comunicativo disponível hoje na web permite a construção de cursos de EAD mais dinâmicos e inteligentes à medida que o aluno passa a poder ser, também, autor do seu próprio processo de aprendizagem.

Google Apps

A ferramenta Google Apps possui a versão standart e a Education. Constituem-se em um conjunto de softwares que incluem serviços de e-mail, mensageiro digital instantâneo, agendas digitais compartilhadas, editor de textos e planilhas, além de editor de páginas de web. Por meio de parcerias com os governos federais, estaduais ou municipais, é possível prever ainda suporte técnico e até treinamento para utilização dessas ferramentas no âmbito educacional.

A ferramenta Google Apps Education Edition possui muitos aplicativos e serviços que podem ser usados por alunos e professores. Destacamos:

Google Docs – Editores de textos, de planilhas de cálculo e de apresentações, além de compartilhamento e colaboração desses conteúdos em tempo real em uma janela do navegador da web.

Google Sites – Editor de páginas da web de forma rápida e fácil. Permite criar páginas na internet. Opções de suporte 24 horas – acesso a um fórum online de usuários que se autoajudam na busca de soluções para dúvidas. A moderação é feita pela *Google*, que acompanha as conversas e discussões e presta orientações.

APIs (Application Programming Interfaces) – É uma ferramenta capaz de unir a interface de um programa *Google* com outros programas (softwares) criados por outras empresas de tecnologia para web.

Gmail – E-mail com 7 gigabytes de armazenamento com ferramentas de pesquisa para ajudar na busca de informações, além de ferramentas de mensagens instantâneas e agenda integradas à interface de e-mail.

Google Talk – Mensagens instantâneas de texto, a qualquer momento e em qualquer lugar do mundo. Também estão incluídos os recursos de compartilhamento e de mensagem de voz.

Google Calendar – Uma agenda online que possibilita a organização de compromissos – eventos, reuniões etc.

Permite publicar agendas e eventos na internet, inclusive de maneira compartilhada com outros usuários.

Galeria de soluções – Catálogo de aplicações, gratuitas ou não, à disposição dos usuários, integrando-as ao ambiente educacional da Google (Google Apps Education Edition), que reúne todo o conjunto de ferramentas acima descritas.

Podemos perceber que a proposta é otimizar a comunicação entre pessoas de forma rápida e compartilhada, não sendo necessária a instalação de programas específicos. Além disso, os aplicativos são compatíveis com o Microsoft Office e o OpenOffice, permitindo também a compilação em PDF, PPT e em texto. Além disso, a portabilidade dos documentos permite a edição dos mesmos por mais de um usuário, bem como o recurso de publicação direta em um blog.

As facilidades são muitas, portanto, o uso desses aplicativos na educação presencial e a distância trará, certamente, grandes benefícios.

Conferência web

A conferência web é uma ferramenta de comunicação e colaboração síncrona e assíncrona que pode ser usada como um recurso adicional para a Educação a Distância. Promove encontros virtuais entre dois ou mais participantes em locais diferentes, distantes geograficamente, podendo utilizar recursos diversos como texto, imagens, áudio, vídeo, compartilhamento de arquivos e tela do computador entre outros. Podemos encontrar diversas soluções no mercado como, por exemplo, Webex, Livemeeting, Gênesis, Ready Talk, Adobe Connect.

Diferentemente da teleconferência, na conferência web, cada participante permanece em seu próprio computador e a conexão com outros usuários é feita por meio de um sistema central (uma aplicação), que pode ser tanto instalado na empresa como alugado de companhias que proveem o serviço de aluguel de salas virtuais. Esses sistemas podem ser aplicativos instalados no computador do cliente ou aplicações web, em que o usuário acessa uma URL e se conecta ao sistema. O uso de conferência web pode trazer uma grande economia de tempo e custos com viagem, além de agilizar contatos, permitindo uma maior interação entre os participantes.

Os portais educacionais

Dentre as várias definições encontradas na internet para portal, selecionamos apenas duas. A primeira disponível na wikipedia diz que: "Um portal é um site na internet que funciona como centro aglomerador e distribuidor de tráfego para uma série de outros sites ou subsites dentro, e também fora, do domínio ou subdomínio da empresa gestora do portal". A outra define portal como "aplicação web que publica grandes volumes de informações de uma organização e presta serviços. Ex: Portal Unicamp que publica conteúdos sobre ensino, pesquisa e extensão em várias áreas do conhecimento"[10]. Analisando essas definições, podemos dizer que um portal educativo não se propõe apenas a publicar informações sobre a área educacional, mas também a ser uma porta organizacional para outros serviços. Como exemplo, podemos citar o Portal Educativo Ceale (http://www.ceale.fae.ufmg.br/o-que-e-o-ceale.html) que se autodefine assim:

> O Centro de Alfabetização, Leitura e Escrita (CEALE) é um órgão complementar da Faculdade de Educação da UFMG, criado em 1990, com o objetivo de integrar grupos interinstitucionais voltados para a área da alfabetização e do ensino de Português.

10. https://www.unicamp.br/unicamp/

Podemos citar, também, o Portal Saber – Conhecimento sem fronteiras (http://www.usp.br/espacoaberto/arquivo/2006/espaco72out/0conheca.htm), "desenvolvido para colocar à disposição da comunidade científica e não científica do mundo todo, sua produção intelectual". Com esse objetivo o Portal Saber da Universidade de São Paulo (USP) disponibiliza, dentre outros serviços, a Biblioteca Digital de Teses e Dissertações (BDTD).

Em resumo, podemos dizer que o objetivo dos portais educacionais é possibilitar acesso rápido e econômico ao conhecimento, bem como facilitar a construção e armazenamento do saber produzido. Assim, estes portais relacionam-se diretamente com a EAD, uma vez que cumprem o papel de fazer a ponte entre o aluno e o conhecimento.

Ambientes Virtuais de Aprendizagem (AVA)

Um ambiente virtual de aprendizagem (AVA) pode ser definido como uma sala de aula virtual acessada via web. Nesse sentido, um AVA, possibilitado pelo avanço tecnológico, tenta reduzir não apenas a distância física entre os participantes de um curso – alunos e professores – mas também, e mais especificamente, a distância comunicacional. Como apontado por Moore (1993), a distância transacional faz uma distinção entre distância física e comunicacional. E a distância transacional pode ser reduzida através da comunicação entre os participantes do processo educativo. Ou seja, não importa a distância física. Quanto maior a comunicação entre alunos e professores menor a distância entre eles. Moore (1993) destacou também a importância da estrutura do material de ensino. Assim, quanto maior a pré programação das atividades dos alunos, não respeitando as necessidades individuais e coletivas, maior a distância transacional.

Partimos do princípio de que os ambientes virtuais de aprendizagem, quando usados adequadamente, de acordo com princípios de aprendizagem coerentes, podem reduzir a distância transacional entre alunos e professores, seja na modalidade presencial seja na EAD. Historicamente, os projetos de construção desses ambientes para uso educacional situam-se em meados da década de 1990, com a explosão da internet. O uso de navegadores e das janelas gráficas – permitindo a representação da informação através de imagens e da linguagem icônica – impulsionou a realização de pesquisas no intuito de materializar o uso da web como ambiente educacional (FRANCO; CORDEIRO & CASTILLO, 2003).

Rapidamente os ambientes destinados ao uso educativo foram incorporados ao ciberespaço. Nesse sentido, alguns são sistemas abertos ou distribuídos livremente na internet e outros funcionam em uma plataforma proprietária, ou seja, as empresas controlam a sua venda. No entanto, com a explosão da EAD em sistemas formais ou não de ensino, a tendência é que cada instituição construa seu próprio ambiente virtual de aprendizagem. Em geral, esses ambientes incorporam as ferramentas já existentes na web como o correio eletrônico, os fóruns de discussão, os chats etc. Incluem gerenciamento de conteúdo e avaliação bem como recursos para administrar os cursos, inclusão e exclusão de alunos, emissão de relatórios e avaliação. Na verdade, tenta-se criar não apenas uma sala de aula virtual, mas uma "escola" virtual. Para Franco, Cordeiro e Castillo (2003, p. 344), "Os ambientes não são uma repetição de processos existentes [...]. Eles produzem uma diferença significativa na transformação dos processos estabelecidos na Educação". Destacamos, portanto, a importância do desenho instrucional na implementação desses ambientes. Porém, como ressalta Ramal (2007, p. 1), é imprescindível que "o projeto educacional seja idealizado e conduzido por especialistas da área pedagógica". Não se podem reduzir os ambientes a "programações de forte impacto visual, mas sem nenhuma eficácia didática" continua a autora. Daí a importância de profissionais competentes tanto da área educacional quanto da área técnica.

A comunicação mediada por computador materializa-se através das trocas de mensagens eletrônicas. Assim, a natureza da ferramenta define essa mensagem. Através das ferramentas assíncronas – e-mail, lista de discussão, fórum etc. – é possível valorizar a reflexão e o refinamento das ideias dos participantes de um processo comunicacional. As ferramentas síncronas, por sua vez – como os chats – permitem a valorização da velocidade de comunicação, visto que a interação ocorre em tempo real. Gerosa, Fuks e Lucena (2003, p. 76) comentam sobre a importância do trabalho colaborativo, pois, segundo esses autores, "os membros do grupo podem, pelo menos potencialmente, produzir melhores resultados do que se atuassem individualmente". Através do trabalho colaborativo, há maior facilidade para observar as falhas na resolução de um problema, pois amplia-se a discussão e a troca de ideias. Além disso, o trabalho em grupo pode funcionar como um fator motivador para os participantes. Portanto, é interessante que os ambientes virtuais de aprendizagem incorporem ferramentas que possibilitem a realização de atividades em grupo.

Dentre os AVA disponíveis no mercado, podemos citar o TeleEduc, o AulaNet e o Moodle. O TelEduc é um ambiente desenvolvido pelo Núcleo de Informática Aplicada à Educação (NIED) da Universidade Estadual de Campinas. O AulaNet foi desenvolvido pela Universidade Católica do Rio de Janeiro (PUC). O Moodle é uma plataforma de código aberto, livre e gratuito para aprendizagem a distância. Para ficar mais claro como funciona um AVA, iremos apresentar a seguir o ambiente *Moodle*, destacando algumas de suas funcionalidades.

Moodle

O *Moodle* é uma plataforma de código aberto, livre e gratuito para aprendizagem a distância (virtual ou online). É um sistema de gerência de ensino (Course Management System – CMS ou Learning Management System – LMS). A palavra Moodle é um acronismo para *Modular Object-Oriented Dynamic Learning Environment* (Ambiente de Aprendizagem Dinâmico Orientado a Objetos). Os usuários podem baixá-lo, usá-lo, modificá-lo e distribuí-lo, seguindo apenas os termos estabelecidos pela licença GNU GPL. Ele pode ser executado, sem nenhum tipo de alteração, em sistemas operacionais Unix, Linux, Windows, Mac OS X, Netware e outros sistemas que suportem a linguagem PHP. Os dados são armazenados em bancos de dados MySQL e PostgreSQL, mas também podem ser usados Oracle, Access, Interbase, ODBC e outros. O sistema conta com traduções para 50 idiomas diferentes, dentre eles, o português (Brasil), o espanhol, o italiano, o japonês, o alemão, o chinês e muitos outros.

Para começar a utilizar um ambiente Moodle é necessário ser usuário cadastrado. As categorias de usuários possíveis são listadas a seguir e o acesso a elas depende de ações do administrador e, no caso de matrícula em um curso, de informações fornecidas pelo professor.

Visitante: um curso pode, a critério do professor, permitir o acesso de visitantes. Visitantes podem observar o conteúdo do curso, mas, no entanto, não podem participar das atividades que valham nota nem colocar mensagens em fóruns. Um usuário que deseje visitar um curso no ambiente (que permita o acesso de visitantes) deve acessar o ambiente como visitante e não com seu nome de usuário e senha.

Usuário: pode acessar o ambiente e as informações constantes da tela de abertura do ambiente.

Aluno: usuário matriculado em um curso. Tem acesso a todas as atividades e materiais do curso.

Monitor: tem acesso a um curso e às atividades de um professor: corrigir trabalhos, verificar notas etc. Não pode alterar o conteúdo de um curso.

Professor/Tutor: tem acesso aos cursos em que está designado como professor e pode promover alterações na tela de abertura além de incluir ou remover atividades e materiais.

Criador de cursos: pode criar novos cursos no ambiente.

Administrador: tem acesso a todas as instâncias da instalação e pode modificá-las.

Para que um usuário faça matrícula em um curso no ambiente Moodle, existem três possibilidades.

• **Cursos livres:** esses cursos não têm código de inscrição e permitem a matrícula simplesmente clicando no nome do curso (na relação de cursos do ambiente) e confirmando o desejo de inscrever-se nele.

• **Curso com código de inscrição:** o professor de um curso pode estabelecer um código de inscrição para matrícula em um curso. Neste caso o usuário deve entrar em contato com o professor e solicitar o código de inscrição para efetuar a matrícula. Clicando no nome do curso desejado, o usuário será conduzido a uma tela onde deverá informar o código de inscrição fornecido pelo professor, apenas no ato de matrícula. Esse código não será mais necessário nos próximos acessos.

Acesso como visitante: um curso pode, a critério do professor, permitir o acesso de visitantes. Visitantes podem observar o conteúdo do curso, mas não podem participar das atividades que valham nota. Um usuário que deseje visitar um curso no ambiente (que permita o acesso de visitantes) deve acessar o ambiente como visitante e não com seu nome de usuário e senha.

O Moodle permite criar três formatos de cursos: social, semanal e modular (ou Tópicos). O curso social é baseado nos recursos de interação entre os participantes e não em um conteúdo estruturado. Os dois últimos formatos são estruturados e podem ser semanais e modulares. Esses cursos são centrados na disponibilização de conteúdos e na definição de atividades. Na estrutura semanal, informa-se o período em que o curso será ministrado e o sistema divide o período informado, automaticamente, em semanas. Na estrutura modular, informa-se a quantidade de módulos.

Qual o melhor formato para um curso? Isso dependerá dos objetivos do curso, de sua duração, enfim, da sua proposta pedagógica. Para os de curta duração, cuja proposta pode ser a de formação continuada em serviço, talvez seja interessante o formato semanal. Em cursos de longa duração, pode-se adotar o formato modular, por exemplo. No entanto, vale ressaltar que tudo depende da proposta em questão.

Uma importante funcionalidade do Moodle é a possibilidade de criação de grupos entre os participantes de um determinado curso, o que pode ser bastante útil quando estamos trabalhando com uma turma muito grande. Temos três opções de configuração dos tipos de grupo:

Nenhum grupo – não há divisão dos participantes do curso em grupos.

Grupos separados – os participantes de cada grupo veem apenas os outros membros deste grupo e os documentos e informações relacionados apenas a estes membros. As mensagens e os participantes de outros grupos não são visíveis.

Grupos visíveis – cada usuário pode participar apenas das atividades do seu grupo, mas pode ver as atividades e os participantes dos demais grupos.

Nesse momento, é necessário pensar na importância que será dada às atividades desenvolvidas ao longo do curso. Atividades em grupo são importantes. Mas a criação de grupos autônomos, a partir da iniciativa dos próprios alunos também é salutar.

Em um curso no ambiente Moodle, no modo de edição, é possível acrescentar dois tipos de conteúdo: recursos e atividades

A seguir, fazemos uma breve descrição de alguns recursos que podem ser utilizados/inseridos. Posteriormente, iremos enfatizar as atividades que podem ser propostas, como fórum e tarefas.

1) Criar uma página de texto simples: um texto simples pode ser usado para apresentar aos alunos pequenos trechos de informação. Não é recomendável colocar textos longos. Coloca-se um Nome para o texto (como será visto pelos alunos), preenche-se o campo Sumário (breve descrição do recurso ou da atividade) e, em seguida, no campo Texto completo é colocado o conteúdo que deve ser visto pelos alunos.

2) Criar uma página web: os campos a serem preenchidos são aqueles descritos anteriormente, com a diferença de que, agora, tanto o Sumário quanto o texto completo são feitos no Editor Moodle, o que permite escolher tamanho de fonte, cor do texto e todos os recursos que o editor tem.

3) ***Link* a um arquivo ou site:** os campos Nome e Sumário têm a mesma função que no caso de Página de texto e Página web. Quando se pretende inserir um link para um site, o campo Localização deve ser preenchido com o endereço internet pretendido (por exemplo: www.wikipedia.org.). Para enviar arquivos para o ambiente é necessário usar a ferramenta Arquivos que se encontra no bloco Administração.

4) **Visualizar um diretório/pasta:** todo curso tem, na ferramenta Arquivos do bloco Administração, um gerenciador de arquivos do curso. Esse material aponta para um diretório dos arquivos do curso. Os campos Nome e Sumário são os mesmos já descritos anteriormente. O campo Visualizar diretório deve ser usado para escolher o diretório a ser visto e acessado pelos alunos. O diretório a ser mostrado deve ser criado, previamente, com a ferramenta Arquivos, do bloco Administração.

5) **Inserir rótulo:** um rótulo é um texto simples colocado em uma semana ou tópico. Em geral é usado para organizar as semanas e agrupar atividades por tipo.

6) **Livro:** o módulo livro permite a criação de um recurso com diversas páginas em formato de livro, com capítulos e subcapítulos. Livros podem conter arquivos de mídia bem como textos e são úteis para exibir grande quantidade de informação que pode ficar organizada em seções.

A seguir destacamos alguns tipos de atividades que podem ser criadas dentro de um curso.

1) Fórum

No Moodle existem quatro tipos de fóruns:

Uma única discussão simples: é um único tópico em uma única página. Normalmente é usado para organizar discussões breves com foco em um tema preciso.

Cada usuário inicia apenas uma discussão: cada participante pode abrir apenas um novo tópico de discussão, mas todos podem responder livremente às mensagens, sem limites de quantidades. Este formato é usado, por exemplo, nas atividades em que cada participante apresenta um tema a ser discutido e atua como moderador da discussão deste tema.

Fórum geral: é um fórum aberto, no qual todos os participantes podem iniciar um novo tópico de discussão quando quiserem.

Fórum P/R (Perguntas e respostas): um fórum do tipo P/R é indicado para a situação em que o professor tem uma questão que pretende que seja respondida por todos os alunos. No fórum do tipo P/R, o professor coloca uma questão (ou mais de uma), como um tópico do fórum, e os alunos solucionam esta questão respondendo ao tópico colocado.

2) Tarefas

As tarefas servem, em geral, para o envio de arquivos para o ambiente (que podem ser textos, desenhos, trechos de programas para computador etc.), para a produção de textos no ambiente e, ainda, para a atribuição de notas em atividades produzidas fora do ambiente (por exemplo, uma prova presencial).

3) Wiki

Um wiki é uma coleção de documentos criados de forma coletiva no ambiente da internet. Basicamente, uma página wiki é uma página web que qualquer pessoa pode criar, diretamente no navegador web, sem necessidade de conhecimento da linguagem HTML.

No Moodle, wiki pode ser uma ferramenta poderosa para o trabalho colaborativo em educação. Uma turma inteira pode editar um documento de maneira coletiva, criando um produto feito pela turma. Por outro lado, cada aluno pode ter seu próprio *wiki* e trabalhar nele com a colaboração de seus colegas.

4) Glossário

Um bom glossário pode ser fundamental quando os alunos estão aprendendo um novo vocabulário. Você pode usar o glossário para promover a aprendizagem ativa. É possível criar atividades de colocação de tópicos no glossário por semana ou tópico em estudo. Os tópicos inseridos podem ser avaliados pelo professor e pelos colegas do autor do tópico.

A atividade Glossário é uma forma flexível de apresentar definições que podem ser relacionadas com todas as informações do conteúdo global do curso.

5) Chat

Os chats permitem a comunicação online, ou seja, "conversas" em tempo real. A principal característica de um chat é permitir a comunicação em grupo. É ideal para discussões mais leves. No entanto, é necessário que todos estejam conectados ao mesmo tempo. Portanto, é importante agendar essas conversas previamente.

6) Lição

Uma lição publica o conteúdo em um modo interessante e flexível. Consiste em um certo número de páginas; cada página, normalmente, termina com uma questão e uma série de possíveis respostas. Dependendo da resposta escolhida pelo aluno, ou ele passa para a próxima página ou é levado de volta para uma página anterior. A navegação através da lição pode ser direta ou complexa, dependendo em grande parte da estrutura do material que está sendo apresentado.

7) Escolha

O módulo escolha permite ao professor fazer uma pergunta e especificar opções de múltiplas respostas. Uma atividade de escolha pode ser usada de múltiplas formas, como por exemplo, uma pesquisa rápida para estimular reflexão sobre um tópico, para testar rapidamente a compreensão dos alunos, para facilitar a tomada de decisões do aluno, por exemplo, permitindo os alunos votarem em uma direção para o curso, para a formação de grupos de trabalho etc.

8) Questionário

O módulo de questionário permite ao professor criar e configurar testes de múltipla escolha, verdadeiro ou falso, correspondência e outros tipos de perguntas. Cada tentativa é corrigida automaticamente e o professor pode optar por fornecer *feedback* e/ou mostrar as respostas corretas.

Destacamos o uso de algumas atividades disponíveis no ambiente Moodle. Essas atividades precisam ser incorporadas ao cotidiano da sala de aula virtual, uma vez que a "presença" do professor é fator decisivo em cursos na modalidade a distância.

Devemos enfatizar que as ferramentas citadas anteriormente possibilitarão ao professor explorar os diferentes estilos de aprendizagem dos alunos. Por meio do ambiente virtual, o professor poderá "personalizar" suas aulas para que cada aluno exerça sua autonomia e aprenda da forma que ele achar melhor: escrevendo/discutindo nos fóruns, participando dos chats, trabalhando em grupo ou individualmente. Não podemos "engessar" o processo.

É necessário saber dosar as atividades de forma que a construção do conhecimento pelo aluno aconteça.

Muitas atividades no ambiente Moodle podem ser avaliadas pelo professor. Os critérios e escalas de avaliação podem ser os mais variados (letras, conceitos, notas numéricas etc.). As seguintes atividades podem ser avaliadas: tarefas (online, offline e envio de um arquivo), glossários, fóruns. As notas atribuídas a essas atividades são agrupadas no ambiente e podem ser nele mesmo processado. Os nomes dos estudantes são links que mostram apenas aquele estudante e as suas notas. Isto é útil quando se está consultando os resultados das avaliações junto com um estudante, para proteger os dados pessoais dos demais.

A ferramenta backup é usada para se fazer uma cópia de segurança do curso. Existem dois tipos de backup: backup total (uma cópia em arquivo, no formato zip, contendo todo o material do curso e dos participantes) e backup do curso (um arquivo, em formato zip, contendo apenas dados do curso, sem os materiais e informações dos participantes).

Recentemente, o Moodle disponibilizou uma nova ferramenta chamada MoodleCloud. Segundo os desenvolvedores, é uma maneira fácil e muito rápida de implantar o ambiente Moodle dentro do seu próprio site – ainda de forma gratuita, porém com passos fáceis para quem não está familiarizado com o sistema e gostaria de experimentar algumas funcionalidades.

De acordo com o site oficial do Moodle, o Cloud vem para sanar o problema de usuários com dificuldades iniciais na área de sistemas e manutenção do site. Apesar das funcionalidades, o MoodleCloud possui alguns limites para hospedagem, tais como: limite total de 50 usuários; espaço em disco 200Mb; temas e plugins nativos do Moodle e um site por número de telefone.

A seguir, descrevemos as principais ferramentas de comunicação viabilizadas pela interface web. Algumas são incorporadas pelos AVA e portais, outras não.

Ferramentas de comunicação viabilizadas pela interface web

A internet iniciou-se como uma pequena rede de um projeto militar e sofreu, ao longo da década de 1990, uma grande expansão que começou nos meios acadêmico-científicos, chegando, posteriormente, a todos os ramos da atividade humana. A grande quantidade de pessoas ligadas à rede indicava um mercado potencial. As empresas logo perceberam isso e, hoje, há todo tipo de negócios na internet: livrarias, lojas, bares, companhias de informática, jornais, bancos etc. O computador foi concebido para auxiliar o homem, principalmente, em cálculos complexos. Com a evolução da tecnologia e a formação das redes de computadores, foi criada a oportunidade para um novo uso desse recurso: meio de comunicação. Segundo Oeiras e Rocha (2006, p. 1), quando é dada uma oportunidade, as pessoas adaptam as ferramentas para a interação social, "pois esta é uma característica inerente ao ser humano".

Há ferramentas na web que potencializam o processo de comunicação. Algumas são derivadas de estruturas tradicionais como o correio, a biblioteca e o banco. Outras emergiram das características intrínsecas ao novo meio, como a virtualidade, a interatividade e a sincronicidade. Desta forma, há as ferramentas síncronas, que permitem a comunicação instantânea, como o Messenger, Skype ou o Google Hangouts. E, ainda, as ferramentas assíncronas, como o correio eletrônico ou e-mail, o fórum ou o blog.

As modalidades de comunicação podem ser compreendidas como conjuntos de possibilidades de interação mediadas por um software ou família de softwares. Segundo McCleary (apud OEIRAS & ROCHA, 2006, p. 1), essas possibilidades são criadas e limitadas pelos valores estabelecidos para vários parâmetros de interação tais como:

- Número de interlocutores;
- Tempo de espera (demora) entre envio e recebimento de sinal; entre envio do sinal e recebimento de resposta;
- Quantidade de texto permitido por enunciado;
- Limites impostos à revisão e reparo dos enunciados;
- Automatização das operações;
- Métodos de armazenamento, busca, gerenciamento e apresentação das mensagens; e
- Riqueza do sinal (número de canais: só texto, texto e imagem, som, vídeo).

Como a interação face a face dispõe de várias modalidades de comunicação que auxiliam direcionar a informação desejada para o interlocutor, tenta-se criar, no meio virtual, formas de comunicação que simulem esse mesmo tipo de interação.

A seguir, focamos algumas dessas ferramentas de comunicação via web, discutindo suas características principais.

1) Correio eletrônico (e-mail)

O termo e-mail (eletronic mail) é utilizado, em inglês, para o sistema de transmissão e, também, para o texto produzido para esse fim. Embora tenha sido desenvolvido para troca de mensagens textuais, seu uso vai muito além disso. Para utilizar o correio eletrônico, o usuário precisa ter um endereço eletrônico (e-mail), que pode ser conseguido em uma instituição a que o usuário pertença, por meio de um provedor de acesso ou pela criação de uma conta nos serviços disponíveis na web, como gmail, hotmail e outros. Sobre o correio eletrônico Chaves (2006, p. 3), afirma:

> Na verdade, o chamado correio eletrônico é um correio virtual, pelo qual circulam correspondências eletrônicas. Contudo, seria um erro considerar o correio eletrônico apenas uma recriação digital do correio e das correspondências convencionais. A virtualização do correio acrescentou-lhe dimensões importantes, não existentes antes. Muitas dessas dimensões representam nítidas vantagens. Em primeiro lugar, a transmissão das mensagens e, portanto, a comunicação, é muito mais rápida – virtualmente instantânea. Em segundo lugar, uma mesma mensagem pode ser enviada para vários destinatários simultaneamente. Em terceiro lugar, e mais importante, uma mensagem pode, hoje, em muitos casos, incluir som (a voz humana, por exemplo) e até mesmo imagens (um vídeo de quem está mandando a mensagem, por exemplo).

O e-mail ou mensagem eletrônica é, geralmente, produzido pela mesma pessoa que a transmite e o receptor é, quase sempre, o destinatário da mensagem.

No entanto, existe a possibilidade de quebra da segurança, a questão da confidencialidade e privacidade que já foram resolvidas no correio convencional. Ou seja, uma mensagem pode ser interceptada e lida enquanto percorre a rede. Como afirma Paiva (2005, p. 75): "Se a circulação livre dribla a censura e faz com que protestos e denúncias importantes circulem pelo mundo, ela também contribui para a circulação sem limites de mensagens não solicitadas (*spams*) e informações falsas (*hoaxes*)". Atualmente, a disseminação de informações falsas na web ganhou fôlego com o que vem sendo chamado de *fake news*.

Entretanto, a velocidade e a possibilidade de leitura online (webmail) das mensagens facilitam o contato com usuários que, mesmo muito distantes, podem continuar em contato com seus interlocutores de forma assíncrona. Portanto, o correio eletrônico é uma ferramenta que facilita a colaboração e a discussão de materiais de trabalho, superando limitações de tempo e de espaço.

2) Conversações (chat)

Existem softwares que permitem a comunicação online, ou seja, "conversas" em tempo real. O chat é um canal de comunicação síncrono. A principal característica de um chat é permitir a comunicação em grupo. Para tanto, há necessidade de agendamento de horários previamente, uma vez que todos os participantes devem estar conectados ao mesmo tempo. Portanto, essa ferramenta se torna um excelente canal para a exposição de ideias e tira-dúvidas entre os alunos e professores, principalmente porque, nesse ambiente, a comunicação é mais livre e espontânea, diferentemente do fórum, por exemplo. Não permite, no entanto, o aprofundamento dos temas, visto que as discussões ocorrem em tempo real. Entretanto, discussões acaloradas iniciadas por meio de chat poderão provocar grandes ideias que serão aprofundadas depois pelo uso de outras ferramentas.

3) Blog

De acordo com Komesu (2005, p. 110), "Blog é uma corruptela de weBlog, expressão que pode ser traduzida como 'arquivo na rede'". Os Blogs surgiram em 1999 com a utilização do software norte-americano Blogger. O objetivo desse software era oferecer uma ferramenta que facilitasse a publicação de textos online, dispensando conhecimento especializado em computação.

Na wikipedia encontramos a seguinte definição de blog: "Um weblog, blog ou blogue é uma página da web cujas atualizações (chamadas posts) são organizadas cronologicamente de forma inversa (como um diário). Estes posts podem ou não pertencer ao mesmo gênero de escrita, referir-se ao mesmo assunto ou ter sido escritos pela mesma pessoa". Ou seja, um blog é uma espécie de diário pessoal eletrônico, mas, que pode ter autoria também coletiva, reunindo pessoas a partir de interesses comuns e permitindo a todos publicar seus textos e imagens. Possibilitam, ainda, a possibilidade de inclusão de comentários a respeito das publicações.

Dessa forma, os blogs podem se constituir em excelente ferramenta para a produção coletiva de conhecimento, quando usados de forma adequada. Em que situações esse uso pode ser útil? Entendemos que os blogs podem estender o espaço da sala de aula, permitindo a todos participar, escrever seus comentários, colocar questões e publicar trabalhos.

Atributos como a facilidade para a edição, atualização e manutenção dos textos em rede justificam o sucesso e a difusão dessa ferramenta de autoexpressão. A ferramenta permite, ainda, a convivência de múltiplas semioses, como textos escritos, imagens e som. Tudo isso faz do blog ou diário virtual, uma ferramenta amplamente usada, fazendo-nos crer que haja em torno de um milhão de escreventes de blogs em todo o mundo.

4) Wikis

Os wikis são páginas que permitem a edição coletiva de documentos, ou seja, de produção colaborativa de hipertextos por meio de uma linguagem simplificada, cujos conteúdos podem ser incorporados de forma simples e rápida. A Wikipédia, por exemplo, é uma enciclopédia online colaborativa e multilingue baseada na ferramenta wiki. Um wiki pode ser utilizado na prática docente quando se deseja a construção de um projeto comum, de autoria coletiva, pois essa ferramenta facilita a dinâmica de trabalhos em equipe.

5) Facebook
O facebook (www.facebook.com) é uma rede social. É um site em que cada pessoa pode ter o seu perfil, ou seja, os seus dados pessoais, as suas fotos, vídeos, links etc. Os membros desta rede social podem interagir: visitar os perfis, fazer amigos, estabelecer contatos, deixar comentários, enviar mensagens, enfim, comunicar. É possível criar páginas, criar grupos, eventos, recomendar determinada página, jogar, anunciar produtos, curtir, comentar e compartilhar as postagens etc. O site foi fundado em 2004, por Mark Zuckerberg.

6) Twitter
Uma das redes sociais mais movimentadas no Brasil nesse momento é o Twitter. Criado em 2006 por Jack Dorsey, Evan Williams, Biz Stone e Noah Glass, trata-se de um serviço gratuito que pode ser utilizado por qualquer internauta; não requer convite e permite a publicação de textos de até 280 caracteres. É possível seguir os amigos, entrando na página deles. Cada vez que se adiciona um amigo, começa-se a receber as mensagens dele. Quando se envia uma mensagem, todos os seus seguidores a recebem. É possível, também, enviar mensagens restritas a determinada pessoa. Isto é uma forma de forçar / facilitar alguém a lê-la, mesmo não sendo seu seguidor. As mensagens desse tipo aparecem numa pasta, em separado, chamada Replies. Os

Trending Topics trazem os assuntos mais discutidos no mundo do Twitter naquele momento. Vantagens? A facilidade de acesso e o fato de usar mensagens curtas, permitindo a transmissão e retransmissão de forma rápida. Objetivos educacionais? Certamente, uma vez que a instantaneidade de comunicação é uma exigência do tempo presente.

7) Instagram

O Instagram é a maior rede social para o compartilhamento de fotos do mundo. São diversos filtros que podem ser utilizados para personalizar as imagens, o que faz do aplicativo um excelente programa de edição. Além dessa marca registrada, o app também permite que os usuários postem vídeos e outros materiais em seus perfis. Uma das funcionalidades recentes do aplicativo é a realização de lives, ou seja, transmissões ao vivo de vídeos. O Instagram foi lançado em outubro de 2010 por Kevin Systron e Mike Krieger.

8) WhatsApp

O WhatsApp foi criado em 2009 por Jan Koum e Brian Actom. É um aplicativo multiplataforma de mensagens instantâneas e chamadas de voz e de vídeo para smartphones. Além de mensagens de texto, os usuários podem enviar imagens, vídeos e documentos, além de fazer ligações grátis por meio de uma conexão com a internet. É possível criar grupo, o que facilita a interação com uma turma, por exemplo. É uma poderosa ferramenta de comunicação, permitindo uma troca rápida e eficiente de mensagens.

As ferramentas descritas, versões tecnológicas de outras tradicionais, como é o caso do correio eletrônico e do diário, ou mesmo inovadoras como o chat, Facebook, wiki e Twitter, têm por objetivo permitir a comunicação/interação entre as pessoas. Nesse sentido, elas cumprem muito bem esse papel, haja vista o número de pessoas que hoje acessam e utilizam esses meios.

Tecnologias móveis

A utilização de dispositivos móveis na educação criou um novo conceito, o chamado Mobile Learning ou m-Learning. No Brasil, utiliza-se o termo "aprendizagem com mobilidade".

A mobilidade caracteriza-se pelo uso de dispositivos móveis que, utilizando-se da convergência tecnológica, disponibiliza comunicação e informação instantânea via texto, imagem, vídeo, além de recursos de gerenciamento, como agenda e notícias, por exemplo. Tudo isso via internet e web. Dentre os dispositivos móveis mais conhecidos está o celular. A telefonia móvel permite manter o estudante a distância conectado e em permanente contato com a instituição, podendo acessar os serviços de suportes, receber/enviar materiais e interagir com os colegas e professores.

Assim, uma das características marcantes dos dispositivos móveis é permitir que sejam utilizados enquanto se desloca de um lugar para outro. Dentre essas tecnologias podemos citar aquelas que trabalham offline – Ipod, mp3, câmera fotográfica etc. – e aquelas que podem se conectar a uma rede sem fio (wireless) como o celular, o notebook, tablet etc.

Essas tecnologias estão alterando nosso dia a dia e, sobretudo, nosso modo de pensar e ver o mundo. Podemos citar o GPS – Sistema de Posicionamento Global – pois, muito mais que um mapa digital, informa-nos o local em que nos encontramos, a distância até o local onde desejamos chegar, o caminho que devemos seguir e, ainda, o tempo que levaremos para percorrer o trajeto. Tudo isso porque existem inúmeros satélites em volta do planeta Terra calculando essas informações o tempo todo.

Tendo em vista o cenário de mobilidade, podemos apontar alguns fatores inovadores quanto ao uso de dispositivos móveis no processo educacional:

- disponibilizar mais recursos para o estudante, que poderá contar com um dispositivo para execução de tarefas, anotação de ideias, consulta de informações via web, registros digitais e outras funcionalidades;
- prover acesso aos conteúdos em qualquer lugar e a qualquer momento;
- expandir as estratégias de aprendizado disponíveis, através de novas tecnologias que dão suporte tanto à aprendizagem formal quanto informal;
- proporcionar meios para o desenvolvimento de métodos inovadores de ensino, utilizando os recursos de computação e de mobilidade.

Obviamente, temos também fatores limitadores em relação às tecnologias móveis e podemos citar:

- Limitações tecnológicas: tela pequena; baixa resolução; processamento, às vezes, lento; incompatibilidade entre plataformas.
- Limitações pedagógicas: espaço de visualização restrito; dispersão da atenção; comprometimento da memória visual; baixa resolução dificultando a compreensão; fragmentação de conteúdos.

Mas, a despeito dessas limitações, podemos perceber mais fatores positivos que negativos em relação ao uso das tecnologias móveis, seja no cotidiano, seja no ambiente escolar. Aliás, outro conceito do cenário altamente tecnológico do tempo presente relaciona-se à ubiquidade: estar em toda parte ao mesmo tempo; onipresente. Ou seja, a ubiquidade resulta da integração dos sistemas e informações que estes processam. Assim, os dispositivos móveis geram a mobilidade e estes, por sua vez, permitem a ubiquidade.

Podemos perceber que as TDIC romperam para sempre com o conceito de espaço fixo e também de tempo. A mobilidade nos permite ver e informar o tempo todo e a todos. "Nosso desafio é descobrir como usar as tecnologias móveis para fazer com que o estudo seja tão parte do dia a dia que sequer seja percebido como estudo" (DUARTE, 2008).

Finalizando nossa conversa...

A área da EAD vem evoluindo, mas, necessitamos de aprofundamento em diferentes aspectos, que mesmo tendo sido apontados por Dirr (2003, p. 473), ainda merecem atenção. São eles: estudos relacionados aos resultados de programas completos e não apenas de cursos isolados; atenção especial às diferenças entre os alunos; investigação sobre as altas taxas de evasão; pesquisas sobre a relação entre estilos de aprendizagem e diferentes tecnologias; pesquisas sobre a interação de múltiplas tecnologias e sobre a efetividade de bibliotecas digitais; desenvolvimento de uma referência teórica ou conceitual.

Obviamente, não pretendemos esgotar um assunto tão complexo e extenso – Educação a Distância – em tão poucas páginas. Mas, de certa forma, temos que limitar nossas exposições, por isso vamos ficando por aqui.

Podemos associar o século XX à era do rádio e da televisão. O século XXI é, até o momento, a era da comunicação em rede. Mudanças, em todos os sentidos, ocorrem na sociedade. Das cartas e mensagens postadas via correio tradicional, passamos à era do correio eletrônico, do Twitter, Instagram, WhatsApp e aplicativos sempre na palma da mão. Dos diários, escondidos a sete chaves, passamos aos blogs, disponíveis a todos os plugados. Da EAD, viabilizada via material impresso, emissoras de rádio e TV, entramos na era da interação e da interatividade no ciberespaço. Os cursos online, mediados pelo que há de mais novo em termos de tecnologia – o computador e a rede mundial, a internet/web –, impulsionam a educação no tempo presente. As novas tecnologias digitais trazem um potencial de transformação nas formas de se construir o conhecimento e de se ensinar e aprender (NOVA & ALVES, 2003).

As facilidades oferecidas pelo atual aparato tecnológico vêm modificando as possibilidades de diálogo a distância, colocando à disposição dos alunos e professores ambientes virtuais de aprendizagem baseados na interação. Estamos na era da mobilidade e da ubiquidade.

Se um dos grandes desafios da EAD foi superar as dificuldades impostas pela distância física e temporal, podemos dizer que, hoje, uma das dificuldades encontra-se em saber escolher a melhor opção de curso. Há uma variedade enorme sendo ofertada, nas mais diversas áreas, com ambientes computacionais disponíveis promovendo a participação e o processo de construção do conhecimento dos alunos. Nesse novo espaço de comunicação e aprendizagem, conhecido como Ciberespaço, as ferramentas computacionais podem potencializar a interação e a interatividade entre alunos, professores, material didático e tecnologia. Sabemos que a presença física por si só não garante a tão almejada interação entre professor-aluno-aluno. No entanto, novas paisagens podem se abrir em relação à EAD, pois, como afirmam Pereira e Moura (2005, p. 70):

> O computador – instrumento cultural da contemporaneidade – revela-se como um novo espaço de interação, como um novo contexto social da produção discursiva. Os processos interativos mediados pelo computador, em especial pela internet, consistem numa interação dinâmica.

Cada sociedade utiliza-se das ferramentas disponíveis no seu tempo para comunicar-se. Da sociedade oral, entramos na era do conhecimento. A educação via rede, associada à mobilidade, veio para somar às gerações anteriores de EAD. Se a quebra das barreiras espaçotemporais abre novos paradigmas para a escola, devemos acreditar que essa possibilidade abre novos horizontes para estudantes que aguardavam e aguardam novas oportunidades de estudar e obter melhores condições de vida.

Assim, desde que a EAD foi integrada ao sistema formal de ensino no Brasil, através de sua menção na Lei de Diretrizes e Bases da Educação – LDB/1996 –, percebemos que o número de estudantes cresce em progressão geométrica. Em pouco mais de vinte anos da publicação da LDB, inúmeros cursos surgiram e foram ampliados, tanto na iniciativa privada quanto na pública. As exigências legais incluíram a apresentação dos pareceres a respeito dos indicadores de qualidade para a EAD, nos mesmos moldes dos cursos presenciais. Portanto, esta e outras iniciativas legais vêm abrindo caminho para que possamos utilizar apenas a palavra Educação para designar os processos educativos sistematizados, abandonando a dicotomia "Educação presencial" e "Educação a Distância".

Discorremos, ao longo dos textos abordados neste livro, sobre questões emergentes na Educação, embora tenhamos dado um enfoque à EAD. No entanto, acreditamos ser necessário sempre pensar na pedagogia e na legislação da educação em nosso país como um todo: tanto na educação presencial quanto na EAD. Ampliação do número de vagas, do número de universidades públicas, autonomia universitária, dentre outros aspectos, são questões que perpassam nossa história educacional.

Nesse sentido, o Projeto Político Institucional de uma instituição educacional e o Projeto Político Pedagógico de um curso, seja na modalidade presencial ou na EAD, devem se centrar na questão de o que e a quem a escola deseja respectivamente oferecer e atender, com relação à educação. Ou seja, na verdade, algumas instituições precisam repensar seu modo de fazer educação como um todo. Assim, é necessário refletir sobre as questões que norteiam o processo educativo: concepção de educação, currículo, aluno, professor, material didático, avaliação etc.

Os aspectos por nós abordados ao longo deste livro não são novos. Educar com respeito, seriedade e, sobretudo, com qualidade deve ser o norteador de todo o processo. Assim, se a LDB legitimou a possibilidade de educar a distância como algo perfeitamente integrado ao sistema de ensino, por que não fazê-lo? O credenciamento de instituições para oferta de educação na modalidade a distância (EAD) vem como consequência natural de um processo que se arrastou por muito tempo. Mas, para colocar isso em prática, precisamos fazê-lo com competência e responsabilidade, e como esta modalidade encontra-se, como a educação, em processo de construção pedagógica, precisamos capacitar profissionais que a planejem, desenvolvam e avaliem de modo coerente com os valores do século XXI, pois somente desta maneira estaremos construindo uma educação atual.

Sem querer fazer a apologia dos recursos tradicionais de ensino utilizados na modalidade a distância (material impresso, rádio, TV), é necessário ressaltar que a instituição educacional deve estar sintonizada com a mesma tecnologia usada fora dela. Num país em desenvolvimento como o Brasil, de dimensões continentais, com uma diferença de renda brutal entre os mais ricos e os mais pobres, os recursos tecnológicos disponíveis não são os mesmos para todas as classes sociais. As tecnologias existem. Mas todos têm igual acesso a elas?

Assim, finalizamos este texto com os referenciais de qualidade para a EAD. De acordo com o referido documento, todo curso na modalidade a distância deve explicitar claramente em seu projeto pedagógico: concepção de educação e currículo no processo de ensino e aprendizagem; sistemas de comunicação; material didático; avaliação; equipe multidisciplinar; infraestrutura de apoio; gestão acadêmico-administrativa; sustentabilidade financeira.

Ainda temos muito que aprender. No entanto, nunca se falou tanto em educação no Brasil, como nos últimos anos. Precisamos avançar na modalidade da EAD: urge discutir numerosas questões, incluindo os mestrados e doutorados nessa modalidade.

Urge também refletir sobre que tipo de educação estamos construindo e queremos construir para os diversos níveis de ensino do nosso sistema educacional, seja ela presencial ou a distância, mas uma educação que necessita ser ousada e que busque novos paradigmas, conforme nos indica Alvin Toffler, o futurólogo do século XX, em entrevista ao jornal *O Globo*, de 4/11/2007. Ele também não sabe propor o caminho correto que a educação deve tomar para atender às demandas da sociedade da informação, ou sociedade do conhecimento, ou, enfim, a sociedade contemporânea, mas sugere que não pode ser a mesma que vimos oferecendo há séculos, nem a mesma escola que temos e que foi estruturada para a sociedade industrial. Então, aqui fica nosso convite aos educadores inquietos e que estão buscando novos caminhos, para que construamos juntos, aprendendo também com nossos erros, mas tentando sempre dinamizar o processo educativo com qualidade e de modo a formar cidadãos para o mundo de hoje e de amanhã.

Questões para reflexão:

1) Você conhece/fez algum curso a distância?
 • Qual concepção de aprendizagem fundamentava esse curso?
 • Como era o processo de avaliação?
 • Como acontecia o processo de interação entre os alunos e professores?
 • Como aconteciam as interações entre os alunos?
 • Qual o "grau" de autonomia do aluno?
 • Quais as tecnologias e mídias utilizadas?
 • Quais as ferramentas de comunicação via web utilizadas no curso?
 • Como você avalia esse curso?
 • Que comparação você estabelece entre EAD e presencial?

2) Sob o contexto das novas práticas culturais proporcionadas pela mobilidade, que possibilidades você consegue imaginar a respeito do agora e do futuro de sua prática pedagógica?

3) Que contribuições os dispositivos móveis poderão trazer à aprendizagem dos professores? E dos alunos?

4) Como você acha que as redes sociais podem ser integradas aos cursos de EAD?

5) Como as instituições de ensino básico, médio e superior devem se relacionar com a EAD, ou seja, todas elas devem incluir a EAD na sua proposta pedagógica? Por quê?

Referências

ABED [Disponível em: http://www2.abed.org.br/faq.asp?Faq_ID=8 – Acesso em 24/05/2006].

ALMEIDA, Maria Elizabeth Bianconcini de. *Educação, ambientes virtuais e interatividade*. In: SILVA, Marco (org.). *Educação online*: teorias, práticas, legislação, formação corporativa. São Paulo: Edições Loyola, 2003.

ALVES, Lynn & NOVA, Cristiane. *Educação a distância: limites e possibilidades*. In: ALVES, Lynn & NOVA, Cristiane (org.). *Educação a Distância*. São Paulo: Futura, 2003, p. 1-23.

AULANET. Fundação Padre Leonel Franca – PUC-Rio [Disponível em: http://www.aulanet.com.br – Acesso em 27/08/2001].

BAKHTIN, Mikhail & Valentim, VOLOCHINOV, Valentim, N. *Marxismo e filosofia da linguagem*. São Paulo: Hucitec, 1988.

BELLONI, Maria Luiza. Ensaio sobre a Educação a Distância no Brasil. *Educação & Sociedade*, ano XXIII, n. 78, abril/2002.

_____. *Educação a Distância*. São Paulo: Autores Associados, 1999.

BRASIL – Ministério da Educação. *Lei de Diretrizes e Bases da Educação* [Disponível em: www.mec.gov.br – Acesso em 20/11/2005].

_____. Ministério da Educação. Secretaria de Educação a Distância. *Missão e objetivos* [Disponível em: http://www.mec.gov.br/seed/ – Acesso em 01/12/2005].

_____. *Portaria n. 275*, de 18 de dezembro de 2018 [Disponível em: https://capes.gov.br/images/stories/download/legislacao/

20122018-Portaria-CAPES-n-275-PPG-a-Distancia.pdf – Acesso em 20/01/2019].

_____ Portaria Capes n. 90, de 24 de abril de 2019 [Disponível em: http://abmes.org.br/arquivos/legislacoes/Portaria-Capes-090-2019-04-24.pdf – Acesso em 20/05/2019].

_____. Portaria n. 32, de 12 de fevereiro de 2019 [Disponível em: http://www.abmes.org.br/arquivos/legislacoes/Portaria-Capes-032-2019-02-12.pdf – Acesso em 20/03/2019].

_____. Portaria normativa n. 11, de 20 de junho de 2017 [Disponível em: http://abmes.org.br/arquivos/legislacoes/Port-Normativa-011-2017-06-20.pdf – Acesso em 20/03/2019].

_____. Portaria n. 1.428, de 28 de dezembro de 2018 [Disponível em: http://abmes.org.br/arquivos/legislacoes/Portaria1428.pdf – Acesso em 21/03/2019].

_____. Decreto n. 9.057, de 25 de maio de 2017 [Disponível em: https://www2.camara.leg.br/legin/fed/decret/2017/decreto-9057-25-maio-2017-784941-publicacaooriginal-152832-pe.html – Acesso em 20/05/2018].

_____. Republicação decreto n. 9.057, de 25 de maio de 2017 (*) [Disponível em: http://abmes.org.br/arquivos/legislacoes/Republicado-Decreto-9057-2017-05-25.pdf – Acesso em 20/07/2019].

CABRAL, Ana Lúcia Tinoco; OLIVEIRA, Ivan Carlos de A. de & TARCIA, Rita Maria de Lino. *Manual de orientação dos docentes* [Disponível em: www.unicsul.br/nead – Acesso em 15/07/2007].

CARNEIRO, Maria Cristina Cavalcanti de Albuquerque. *O desenvolvimento da moralidade infantil e a postura do professor na formação da autonomia*. Juiz de Fora: M.C. Cavalcanti de Albuquerque, 2002.

CHAVES, Eduardo O.C. *A virtualização da realidade* [Disponível em: http://www.edutec.net/Textos/Self/COMPUT/virtual.htm – Acesso em 29/05/2006].

CHEVITARESE, L. As "razões" da pós-modernidade. In: *Análogos* – Anais da I SAF-PUC, Rio de Janeiro: Booklink, 2001.

DINIZ, Eduardo H. *O hipertexto e as interfaces homem* – computador: construindo uma linguagem da informática [Disponível em: http://www.serprofessoruniversitario.pro.br/ler.php?modulo=18& texto=1081 – Acesso em 04/07/2006].

DIRR, Peter J. Distance Education Policy Issues: towards. In: MOORE, Michael Grahame & ANDERSON, William G. *Handbook of distance education*. Nova Jersey: Lawrence Erlbaum Associates, Inc 2003. p. 461-480.

DUARTE, Rosália. *Aprendizagem e interatividade em ambientes digitais*. Porto Alegre: Anais ENDIPE, 2008.

FICHMANN, Sílvia. *Tutoria ou formação?* Palestra proferida no 13º CIEAD. Curitiba: 2007.

FIORENTINI, Leda Maria Rangearo. A perspectiva dialógica nos textos educativos escritos. In: FIORENTINI, Leda Maria Rangearo & MORAES, Raquel de Almeida. *Linguagens e interatividade na educação a distância*. Rio de Janeiro: DP&A, 2003.

FRANCO, Marcelo Araújo; CORDEIRO, Luciana Meneghel & CASTILLO, Renata A. Fonseca del. O ambiente virtual de aprendizagem e sua incorporação na Unicamp. *Revista Educação e Pesquisa*. São Paulo, V. 29, n. 2, p. 341-353, jul./dez. 2003.

FREITAS, Maria Tereza de Assunção. O ensinar e o aprender na sala de aula. *Cadernos para o Professor*, Juiz de Fora, Ano VI, n. 6, maio/1998.

INEP [Disponível em: www.inep.gov.br – Acesso em 15/03/2019].

JEAN, Georges. *A escrita* – memória dos homens. Rio de Janeiro: Objetiva, 2002.

GALLI, Fernanda Correa Silveira. Linguagem da internet: um meio de comunicação global. In: MARCUSCHI, Luiz Antônio & XAVIER, Antônio Carlos. *Hipertexto e gêneros digitais*: novas formas de construção de sentidos. Rio de Janeiro: Lucerna, 2004. p. 120-134.

GEROSA, Marco Aurélio; FUKS, Hugo & LUCENA, Carlos José pereira de. Suporte à percepção em ambientes de aprendizagem colaborativa. *Revista Brasileira de Informática na Educação* – Vol. 11. n. 2 (julho a dezembro de 2003). Porto Alegre: Comissão Especial de Info. Na Ed. da SBC, 2003, p. 75-85.

GIUSTA, Agnela da Silva. Concepções do processo ensino/aprendizagem. In: GIUSTA, Agnela da Silva & FRANCO, Iara Melo (org.). *Educação a Distância*: uma articulação entre a teoria e prática. Belo Horizonte: PUC Minas: PUC Minas Virtual, 2003, p. 45-67.

HACK, Josias Ricardo. *Conhecimento midiatizado no ensino superior a distância:* Uma proposta de ação [Disponível em: http://www.abed.org.br/congresso2005/por/pdf/036tcb3.pdf – Acesso em 10/07/2007].

KENSKI, Vani Moreira. *Novas tecnologias*: o redimensionamento do espaço e do tempo e os impactos no trabalho docente. XX Reunião Anual da ANPED, Caxambu, setembro de 1997.

KOMESU, Fabiana Cristina. Blogs e as práticas de escrita sobre si na Internet. In: MARCUSCHI, Luiz Antônio & XAVIER, Antônio Carlos (orgs.). *Hipertexto e gêneros digitais*: novas formas de construção de sentidos. 2. ed. Rio de Janeiro: Lucerna, 2005, p. 110-119.

LEITE, Lígia Silva & SAMPAIO, Marisa Narciso. *Alfabetização tecnológica do professor*. Petrópolis: Vozes, 1999.

LÉVY, Pierre. *Cibercultura*. São Paulo: Editora 34, 1999.

_____. *As tecnologias da inteligência*: o futuro do pensamento na era da informática. Rio de Janeiro: Editora 34, 1993.

LITTO, Fredric M. *A visão da ABED sobre a extinção da SEED-MEC*. São Paulo 19 de janeiro de 2011 [Disponível em: http://www.abed.org.br/site/pt/midiateca/noticias_ead/460/2011/02/a_visao_da_abed_sobre_a_extincao_da_seed_mec – Acesso em 03/04/2019].

MATTAR, João. *Carta Aberta ao MEC sobre a extinção da SEED* [Disponível em: http://joaomattar.com/blog/2011/02/22/carta-aberta-ao-mec-sobre-a-extincao-da-seed/ – Acesso em 15/04/2019].

MARCUSCHI, Luiz Antônio. Gêneros textuais emergentes no contexto da tecnologia digital. In: MARCUSCHI, Luiz Antônio & XAVIER, Antônio Carlos (orgs.). *Hipertexto e gêneros digitais*: novas formas de construção de sentidos. 2. ed. Rio de Janeiro: Lucerna, 2005. p. 13-67.

MoodleCloud [Disponível em: http://redemoodle.blogspot.com/2015/07/apresentando-o-moodle-cloud.html – Acesso em 22/05/2019].

MOORE, Michael G. Teoria da Distância Transacional. In: KEEGAN, Desmond. (1993). Theoretical Principles of Distance Education. Londres: Routledge, p. 22-38. Traduzido por Wilson Azevêdo [Disponível em: http://www.abed.org.br/publique/cgi/cgilua.exe/sys/start.htm?infoid=23&sid=69&UserActiveTemplate=1por – Acesso em 01/06/2006].

MOORE, Michael & KEARSLEY, Greg. *Educação a Distância*: uma visão integrada. São Paulo: Thomson Learning, 2007.

MORAN, José Manuel. *Extinção da Secretaria de Educação a Distância no MEC é prematura, avalia especialista* [Disponível em: https://portal.aprendiz.uol.com.br/arquivo/2011/07/19/extincao-da-secretaria-de-educacao-a-distancia-no-mec-e-prematura-avalia-especialista/ – Acesso em 19/03/2019].

MORIN, Edgar. *Para sair do século XX*. Rio de Janeiro: Nova Fronteira, 1986.

MORIN, Edgar. Da necessidade de um pensamento complexo. In: MARTINS, Francisco Menezes & SILVA, Juremir Machado (orgs.). *Para navegar no século XXI*: tecnologias do imaginário e cibercultura. Porto Alegre: Sulina/Edipucrs, 2000, 2. ed. p. 19 a 42.

NEDER, Maria Lúcia Cavalli. *Avaliação na educação a distância*: significações para definição de percursos. Dissertação (Mestrado em Educação) [Disponível em http://www.nead.ufmt.br/documentos/AVALIArtf.rtf – Acesso em 05/05/2006].

NOVA, Cristiane; ALVES, Lynn. Estação online: a "ciberescrita", as imagens e a EAD. In: SILVA, Marco (org.). *Educação online*: teorias, práticas, legislação, formação corporativa. São Paulo: Edições Loyola, 2003.

OEIRAS, Janne Yukiko Yoshikawa & ROCHA, Heloísa Vieira da. *Uma modalidade de comunicação mediada por computador e suas várias interfaces* [Disponível em http://www.ic.unicamp.br/~janne/joeiras_ihc2000.pdf – Acesso em 26/05/2006].

OTSUKA, Joice Lee et al. *Suporte à avaliação formativa no ambiente de Educação a Distância* TelEduc. In: Congresso Iberoamericano de Informática Educativa, 6, 2002. Anais Vigo: 2002.

PEREIRA, Ana Paula M.S. & MOURA, Mirtes Zoé da Silva. A produção discursiva nas salas de bate-papo: formas e características processuais. In: FREITAS, Maria Teresa de Assunção & COSTA, Sérgio Roberto (orgs.). *Leitura e escrita de adolescentes na internet e na escola*. Belo Horizonte: Autêntica, 2005, p. 65-83.

PERRENOUD, P. *Avaliação*: da excelência à regulação das aprendizagens entre duas lógicas. Porto Alegre: Artes Médicas, 1999.

PETERS, Otto. *Didática do ensino a distância*: experiências e estágio da discussão numa visão internacional. São Leopoldo, Unisinos, 2001 [Tradução Ilson Kayser].

PRETI, Oreste. Autonomia do aprendiz na EAD: significados e dimensões. In: PRETI, Oreste (org.). *Educação a distância*: construindo significados. Brasília: NEAD/IE-UFMT; Brasília: Plano, 2000. p. 125-145.

PRIMO, Alex Fernando Teixeira. *Cibercultura* – interação mediada por computador. Porto Alegre: Sulina, 2007.

_____. Interação mútua e interação reativa: uma proposta de estudo. In: CONGRESSO DA INTERCOM, 21, 1998, Recife. Anais eletrônicos... Recife, 1998 [Disponível em http://usr.psico.ufrgs.br/~aprimo/pb/espiralpb.htm – Acesso em 05/12/2005].

RAMAL, Andréa Cecília. *Por que o e-learning vem crescendo tanto?* [Disponível em http://www.dce.ufscar.br/reforma/art08.htm – Acesso em 24/07/2007].

_____. *Educação na cibercultura*: hipertextualidade, leitura, escrita e aprendizagem. Porto Alegre: Artmed, 2002.

ROCHA, Enilton. *Avaliação na EaD* [Disponível em: http://www. abed.org.br/arquivos/Avaliacao_na_EaD_Enilton_Rocha.pdf – Acesso em 20/05/2019].

SCHLEMMER, Eliane. Games e Gamificação: uma alternativa aos modelos de EaD. *RIED. Revista Iberoamericana de Educación a Distancia*, vol. 19, núm. 2, 2016, p. 107-124 [Disponível em https://www.redalyc.org/pdf/3314/331445859007.pdf – Acesso em 25/07/2019].

SILVA, Tomaz Tadeu da. *Documentos de identidade*: uma introdução às teorias do currículo. 2. ed., 8. reimp. Belo Horizonte: Autêntica, 2005.

SILVEIRA, Sérgio Amadeu da. *Exclusão digital*: a miséria na era da informação. São Paulo: Fundação Perseu Abramo, 2001.

SIMONSON, Michael; SMALDINO, Sharon; ALBRIGHT, Michael & ZVACEK, Susan. *Teaching and Learning at a Distance*. Foundations of Distance Education. 3. ed. Nova Jersey: Merril- Prentice Hall, 2005.

SOARES, Ismar de Oliveira. EAD como prática educomunicativa: emoção e racionalidade operativa. In: SILVA, Marco (org.). *Educação online*: teorias, práticas, legislação, formação corporativa. São Paulo: Edições Loyola, 2003.

TAROUCO, Liane. *Produzindo material para EAD* [Disponível em http://penta2.ufrgs.br/edu/ead/produzindoMaterialEAD/sld016.htm – Acesso em 23/07/2019].

TAVARES, Kátia. O papel do professor – do contexto presencial para o ambiente on-line – versa. *Revista Conect@*, n. 3, 12/11/2000.

TAYLOR, James. *Fifth generation distance education*. Austrália: Higher education seris. Report no. 40, June 2001.

TOFFLER, Alvin. Apagão de mão de obra (Entrevista). *O Globo*. Caderno Economia, 4/11/2007, p. 36.

UAB (Universidade Aberta do Brasil) [Disponível em http://www.uab.mec.gov.br/index.php – Acesso em 11/05/2006].

UVB (Universidade Aberta do Brasil) [Disponível em www.uvb.br – Acesso em 18/04/2007].

VICTORINO, Ana Lúcia Quental & HAGUENAUER, Cristina Jasbincheck. *Avaliação em EAD apoiada por ambientes colaborativos de aprendizagem no programa de capacitação para a qualidade da COPPE/UFRJ* [Disponível em http://www.abed.org.br/congresso 2004/por/htm/159-TC-D3.htm – Acesso em 05/05/2006].

VIGNERON, Jacques. Do curso por correspondência ao curso online. In: VIGNERON, Jacques & OLIVEIRA, Vera Barros de (org.). *Sala de aula e tecnologias*. São Bernardo do Campo: UMESP, 2005. p. 55-69.

CULTURAL

Administração
Antropologia
Biografias
Comunicação
Dinâmicas e Jogos
Ecologia e Meio Ambiente
Educação e Pedagogia
Filosofia
História
Letras e Literatura
Obras de referência
Política
Psicologia
Saúde e Nutrição
Serviço Social e Trabalho
Sociologia

CATEQUÉTICO PASTORAL

Catequese
  Geral
  Crisma
  Primeira Eucaristia

Pastoral
  Geral
  Sacramental
  Familiar
  Social
  Ensino Religioso Escolar

TEOLÓGICO ESPIRITUAL

Biografias
Devocionários
Espiritualidade e Mística
Espiritualidade Mariana
Franciscanismo
Autoconhecimento
Liturgia
Obras de referência
Sagrada Escritura e Livros Apócrifos

Teologia
  Bíblica
  Histórica
  Prática
  Sistemática

REVISTAS

Concilium
Estudos Bíblicos
Grande Sinal
REB (Revista Eclesiástica Brasileira)

VOZES NOBILIS

Uma linha editorial especial, com importantes autores, alto valor agregado e qualidade superior.

VOZES DE BOLSO

Obras clássicas de Ciências Humanas em formato de bolso.

PRODUTOS SAZONAIS

Folhinha do Sagrado Coração de Jesus
Calendário de mesa do Sagrado Coração de Jesus
Agenda do Sagrado Coração de Jesus
Almanaque Santo Antônio
Agendinha
Diário Vozes
Meditações para o dia a dia
Encontro diário com Deus
Guia Litúrgico

CADASTRE-SE
www.vozes.com.br

EDITORA VOZES LTDA.
Rua Frei Luís, 100 – Centro – Cep 25689-900 – Petrópolis, RJ
Tel.: (24) 2233-9000 – Fax: (24) 2231-4676 – E-mail: vendas@vozes.com.br

UNIDADES NO BRASIL: Belo Horizonte, MG – Brasília, DF – Campinas, SP – Cuiabá, MT
Curitiba, PR – Fortaleza, CE – Goiânia, GO – Juiz de Fora, MG
Manaus, AM – Petrópolis, RJ – Porto Alegre, RS – Recife, PE – Rio de Janeiro, RJ
Salvador, BA – São Paulo, SP